花輪陽子

少子高齢化でも老後不安ゼロ

シンガポールで見た日本の未来理想図

講談社+α《プラスアルファ》新書

はじめに　日本より少子高齢化が深刻なのに、なぜ老後不安ゼロなのか？

ファイナンシャル・プランナー（ＦＰ）の花輪陽子《はなわようこ》です。

私は２０１５年に当時1歳の娘を連れて夫と家族３人で、シンガポールに移住しました。

なぜ私がこの本を執筆しようと思ったかというと、シンガポールに住んでみると日本よりも進んでいて快適なところが多く、そして何よりも少子高齢化は日本より深刻なのに、日本の理想的な未来を先取りしていると感じたからです。

例えば、ライドシェアや自動運転など新しい技術はいち早く導入されるので、日々生活が快適になります。人口減少に影響されない社会保障は、国民や永住者の老後不安を軽減しています。物事を決めるスピードも速く、非常に合理的、効率的に国がまわっているのです。

さらに学力は世界ナンバーワンと、教育政策にも驚かされます。

また、近年では成長率が鈍化しているとはいえ、バブルの頃の日本のような勢いがあります。シンガポーリアンは日本人の倍稼いで倍使うイメージですが、節約ノウハウ本を何冊も執筆してきた花輪家も、シンガポールに来て、支出は2倍になっても、収入も2倍になりました。貯められる金額が同程度であれば収入は少なくてもよいと思われるかもしれませんが、住宅やクルマなどの生活レベルが上がるほうが、多くの人にとって幸福度が上がるのではないでしょうか。

日本にいたら夫の収入は頭打ちだと思っていたのですが、シンガポールに暮らしてみると家事労働サービスや保育所、交通インフラの充実など、国民総活躍の地盤が整っているため、活躍する女性や働く高齢者も多く、世帯収入は上げられるということが分かりました。

私自身もフリーランスのFPとして、執筆の仕事をしたり、セミナーの仕事をしたりと、手につけた職を活《い》かすことができています。

どの環境にいても収入を得て生活ができるということは、年金不安で先行き不透明な時代を生きる上で大きな自信にもつながります。

シンガポールでの生活は、日本もマネをすると経済的に「得」をすることが多く、日本のよいところと組み合わせれば、停滞している日本経済も活力を取り戻すのではないかと思うようになりました。

シンガポールに来る前の私はテレビで生活経済のコメンテーターとしての仕事が定着しつつある時期でした。「ホンマでっか!?TV」や「有吉ゼミ」、朝の情報番組に出演をし、スーパーや家電量販店など身の回りのお得情報を発信したり、週刊誌や雑誌のマネーコラムの監修をしたりする機会も多く、日本での仕事がノリにノッている時でした。

そんな矢先に、会社員である夫のシンガポール赴任が決まったのです。

夫は30代後半で、ＩＴ系ベンチャーのシステム部門でマネージャーをしています。お互い20代で知り合った当時から「将来、起業する」と宣言しており、就職先としても大企業ではなく新興企業を選んだ人です。

「今、一番熱いところに身を置いて、その勢いを肌で体感したい」という考え方の夫なので、今一番成長著しい東南アジア、その中でも東南アジアのハブであるシンガポールに身を置きたかったようです。

また、英語をマスターして、他の国でも収入を得て生活ができるようにしておきたいという目標もありました。夫のキャリアとしては大きなチャンスになる話でしたが、突然の転勤の話に私は当惑をしてしまいました。

私の職歴はというと、８年間米系投資銀行で働き、リーマンショックで所属する部門がなくなり、リストラに遭いました。その後、一念発起をしてファイナンシャル・プランナーの最上級資格を取り、ＦＰとして独立をしました。

「テレビでコメンテーターの仕事をしたい」「ベストセラー作家になりたい」——その目標に向かって、土日も昼夜も問わず5年間がむしゃらに働き、ようやく夢が実現しつつある時期でした。出産前も臨月までテレビに出続け、産後も6週間で復帰をしました。死に物狂いで摑み取り、死守してきたキャリアを捨ててまで、シンガポールに行ってもよいものなのか本当に困ってしまったのです。

また、海外で親戚もいない中、1歳の娘の育児を帰宅の遅い夫と2人でできるのか正直、不安でいっぱいでした。

それでも、「家族みんなで一緒に暮らしたい」という希望が強く、「家族みんなで行くか」「みんなで日本にとどまるか」という二択になりました。周りの友人や恩師にも相談をし、1ヵ月以上悩みに悩んだのですが、思い切ってシンガポール行きを決行しました。

さて、皆さんにとってのシンガポールはどんなイメージでしょうか。

テレビの印象で「天国のような国」「お金持ちが住む国」というイメージをお持ちかもしれません。私にとってのシンガポールは大学時代の旅行のときのイメージでした。当時はマリーナベイサンズもなく開発の途上。まだシンガポールドルも安く、学生の身分でもさして物価の高い国という印象は受けませんでした。

しかし、この10年余りでシンガポールは大きく変わりました。高層ビルやマンションが建ち並び街の景色が変わり、シンガポールドルや不動産は値上がりし、日本円を持ってしてでも、「日本のダイコンが高くて買えない（600円程度）、ラーメンが高くて食べられない（2000円程度）」という状態になっていたのです。

シンガポールの1人当たりのGDPは10年間で2倍近くに増加し、2015年にはかつてシンガポールを支配していた日本やイギリスを抜いて、世界ランキング8位。7位のアメリカにも迫る勢いです。人口は約560万人で国土も東京23区程度の面積です。

1965年に独立した歴史の浅い国で天然資源もなく、水すらマレーシアから買っている状態の国がなぜこれだけ経済発展をしたのでしょうか。

唯一の武器、賢い頭脳をフル活用し、外資主導で成長を牽引させ、東南アジアの金融セクターとして君臨をしたのです。アジア経済が急速に拡大する中、東南アジアのハブとして機能を強化することは間違いなく、まだまだ成長の伸び代を感じさせます。

対する日本はどうかというと、今はよいけれど、先行きは不透明な状況です。

２０３０年、２０５０年の経済予測では日本経済は大変厳しいと言われています。『２０５０年の世界　英「エコノミスト」誌は予測する』（文春文庫）によると、２０１０年にはアメリカの約７割あった日本の１人当たりのＧＤＰが２０５０年には58・３％まで低下すると予測されています。

アジア経済が世界経済の半分を占めるようになる中、日本は相対的に急速にプレゼンスを失っていくというのです。深刻な高齢化から生産年齢人口（働き手）が減少し、何も対策が打たれないままではＧＤＰが大きく低下する可能性が高いのです。

私達日本人も「年金は今ほどもらえないのではないのか」という不安を抱いているのではないでしょうか。未来は今より明るいと自信を持って断言するのが難しい状況です。

しかし、現在の日本は政府も個人も世界一のお金持ちなのです。世界の都市別のＧＤＰを見ると、東京は1位にランクインしており、世界の都市総合力ランキング（ＧＰＣＩ）２０１７でも5位のシンガポールを抜いてアジアトップの３位にランクインしています。

一年に数度は東京に帰りますが、帰るたびに日本橋や銀座の店並みが変わり、世界一洗練された都市であると肌で感じます。

借金だけがよくメディアで取り上げられますが、日本政府は世界一の政府資産を保有していて672兆円もあるとも言われています。産業用ロボットなど他の国にはない高度な技術もあります。

日本は技術など「持てる国」なのに、アピールが苦手なので勿体なく感じます。

これに対してシンガポールは持てるものは少ないけれど、戦略やプレゼンテーションなどで持てるものを最大限に活用していて、両者は対照的に思われます。

また、シンガポールは経済成長のためなら何でもするというぶれない軸がある国です。

日本も国に余裕がなくなる中、シンガポールのように前のめりになって積極的に成長戦略の矢を放っていかないといけないのではないでしょうか。

国にも個人にもお金があり、日本人に対する信頼が大きい今こそ、行動に移すべきではないでしょうか。高齢化による働き手不足をどうするのか、次世代のリーダーを育成するための教育はどうするのか。

日本より少子高齢化が深刻だけれど女性、高齢者、外国人労働者の活用で働き手不足を解消しており、経済成長率は年3・5%（日本1・5%／2017年）、学力は世界ナンバーワンを誇るシンガポールから学ぶことはたくさんあるはずです。

日本は勤勉で結束力の強い国です。シンガポールのような賢い政策が実行されれば、日本は世界一を目指すこともできるのではないでしょうか。

本書では、シンガポールを短期間で成功に導いた国家戦略、エリート教育、シンガポールの富裕層から学ぶお金持ちになる方法など、日本人がマネをしたら経済的に得をし、幸せになる方法を私が知り得る限りお伝えしていきたいと思います。

渡航前は私自身も破綻のないマネープランを提案する、他のファイナンシャル・プランナーと変わらないノウハウしか持ち得ませんでした。

しかし、渡航後の私は、世界中の富裕層や銀行家とつながりを持つことができ、一つ殻が破れました。世界中の富裕層がやっている、金融先進国のシンガポールの金融アドバイザーが提案しているマネープランにアクセスをすることができるようになったからです。このシンガポールで学んだ世界標準のお金の知識を日本の多くの人に提供ができたらと思います。

もくじ◉少子高齢化でも老後不安ゼロ　シンガポールで見た日本の未来理想図

第二章　快適な生活

第三章　「世界基準」の人をつくる教育

おわりに　

＊1シンガポールドル＝80円（2018年3月6日現在）

第一章　合理的で賢い政策

国家予算4割は国防費と教育費

シンガポールと日本とで決定的に違うと感じることは「政治のリーダーシップ」です。一党独裁で首相の権限が非常に強く、初代首相のリー・クアンユーが真っ白のキャンバスにデザインをした国家が現在のシンガポールと言っても過言ではありません。

1965年にマレーシアから追放され、水などの資源もままならないまま独立国家にならざるを得なかったシンガポールを、現在の姿まで導いた建国の父が、リー・クアンユーなのです。建国50周年の2015年、書店にはリー・クアンユーの本やDVDがたくさん置かれ、外国人である私と夫も彼の書籍やDVDを見て感銘を受けました。

当時のシンガポールの武器は「賢さ」だけ。日本のように海という城壁に守られている国ではないために、マレーシアなど近隣の大国からの安全保障の確保や水や食料もおぼつかない状態から国民を食べさせていく必要がありました。

余裕がない状態からのスタートだったためにマスメディアの管理など表現や言論の自由を抑圧し、徹底的な能力別教育により国家を構築するためのエリート官僚を確保し、生存のために何よりも経済成長を最優先にさせたという事情があります。

その結果、50年間で毎年平均7・8％の経済成長を実現させました。国を挙げて外資を誘致し、外資主導で雇用創出や技術導入を計る成長スタイルであったこと、国民への社会保障は必要最低限で効率的に行うなど日本とは大きく異なる政策がとられました。

両国の国家予算を見ても、重点の置き所の違いがよく分かります。シンガポールの国家予算の約4割は「国防」と「教育費」なのに対して、日本の国家予算の7割は「社会保障」「地方交付税交付金等（地方自治体の収入の格差を少なくするために交付される資金）」「国債費」の3つで、国防と教育費はそれぞれ5％程度ずつです。

超高齢化社会に突入した日本は、教育という将来への投資よりも、目の前の高齢者の社会保障給付の割合のほうがずっと高くなっているのです。

シンガポールは選挙までもコントロールしてしまうほどの独裁ではありますが、少数のリーダーのビジョンに従って政策を実行していくことができます。

これに対して、日本の政治家は派閥の中での影響力を行使して上に上がっていかなければなりません。内閣の支持率が下がると、いつまた選挙になるか分かりません。そうした意味でも選挙権を持つ人数が多い高齢者の声が政治に反映されがちです。

シンガポールで生活をするということは制限された中での自由にはなります（中国のよう

にSNSが使えないなどという過度な制限ではありませんが)。しかし、たとえ独裁だったとしても、優秀なリーダーに導かれることで国民は将来の不安から解放され、日々の生活を謳歌することができています。

日本も国民の将来の不安を軽減させるような政治的なリーダーシップが必要です。バブル崩壊後、いつまでも足踏みをして前に進まない状態ではいられません。

ただ、シンガポールから見たら、日本の政治的なリーダーシップは大きいようで、アジアで中国に物申せるのは唯一日本だけだとも思われているようです。国内にいた時は中国を刺激するような言動は大丈夫なのか心配をしたものですが、他のアジア諸国にとっての日本の権威を示す手立てだったのだと外に出て気がつきました。この威厳を維持するためにも、少なくとも現在の経済力を保ち続けることが必要です。

老後生活費の不安がない理由

では本書のサブタイトルにあるように、なぜシンガポールには老後の不安がないのでしょうか?

日本では年金や医療保険の保障が手厚いですが、シンガポールでは強制自動天引き貯蓄のようなシステムで、自分自身で将来のお金を貯めていくというしくみになっています。中央積立基金（ＣＰＦ）が医療費用、持ち家取得、老後生活に備えた強制貯蓄の役割を果たしています。

ＣＰＦは個人の口座ですが、雇用主と労働者が共に資金を拠出するというスキームになっており、55歳以下の労働者は収入の20％、雇用者は17％を拠出し、収入の３分の１以上の金額を将来に備えて積み立てるしくみになります。

この制度はよくできており、複利を利用して最も効率的に貯蓄できるようにするために若い頃の拠出率が高くなります。ＣＰＦは持ち家率向上にも貢献し、現在シンガポールの持ち家率は９割程度にも及びます。

また、シンガポールは医療費の自己負担割合が６割程度と大きいのですが（日本は13％程度）、医療用貯蓄を作ることで病気に備えることもできます。物価が高い国なので老後生活も厳しいですが、貯蓄口座で株式などリスクが高く期待リターンも高い金融商品に投資をすることも可能です。

シンガポールの平均寿命は、２０１４年の調査では、男性で80・４歳。女性では84・９歳と世界でも上位です。日本と同様「人生１００年時代」に突入しますが、老後資金強制天引きによって老後に備えることができるのです。

このようにシンガポールの社会保障は必要最低限なので低コストで運用することができ、個人の自立を促す形になっています。しかし、CPFのデメリットとして老後資金を一定以上の年齢に達するまで引き出せないということもあります。また、日本の年金のように月額支給されるという方法以外にも個人で引き出し方法を選択できるために、早期に使い込んでしまい、老後資金が足りなくて困っている高齢者もいるようです。

人口減少に影響されない社会保障

対する日本はというと、国家予算の3分の1（32兆円）が社会保障費の支払いに充《あ》てられている上に、急速な高齢化に伴い社会保障費は毎年1兆円規模で増大しています。社会保障費収入は横ばいで推移しているために、その多くは税金と借金で賄われています。少子高齢化は今後ますます進むために財政が更に深刻化することが予測されています。

1950年には1人の高齢者を12・1人の現役世代（15〜64歳）が支えていました。しかし、2014年の段階では高齢者1人を現役2・4人が、2060年には高齢者1人を1・3人の現役が支えるという不安定な人口構成になります（内閣府2015年）。日本の社会保障のしくみはシンガポールのような自分で積み立てるものではなく、その時の高齢者の給付をその時の現役世代が支払うしくみになっているために人口構成の影響をまともに受けてしまうのです。人口構成が全く違う頃に作った制度のために何度も微調整が必要になり、給付のカットや保険料の引き上げがたびたび行われています。１人の現役が１人の高齢者を支えるような人口比率になってしまえば制度を根本的に見直す必要が出てきます。

例えば、シンガポールと同じような自分の将来のお金を自分で積み立てるしくみに変えれば、人口構成の影響は受けずに済み、膨大な社会保障費を圧縮させることも可能です。住宅と老後資金を強制貯蓄するしくみがあれば、個人の将来設計も楽になります。

もちろん、強制貯蓄制度にも欠点はあり、運用リスクをそのまま負うために運用の結果次第では将来受け取るお金を減らしてしまう可能性もあります。しかし、国全体が社会保障費の支払いで貧しくなってしまうということは避けられます。

日本でも確定拠出年金（４０１ｋ）の加入者の適用範囲が広がり、専業主婦なども加入ができるようになりました。公的年金で不足する分を各自で積み立てることを促進する制度になります。日本では制度の抜本的な改革は難しいので、公的年金と４０１ｋによる自助努力のハイブリッド型になり、公的年金を受給できる年齢も引き上げられる可能性が高いです。

高齢者も働く1億総活躍社会

シンガポールでは女性の7割以上が働いており、共働き比率も4分の3程度で、働く高齢者も多いです（55～64歳の就労率は64％）。そのため、世帯月収の中央値は約70万円と高額です。また、収入は毎年2％前後ずつ右肩上がりに上がっています。物価が高くてもそれを支払うだけの世帯収入がしっかりとあるのです。対する日本の2人以上で暮らす勤労者世帯（配偶者も収入がある共働き世帯）の平均世帯収入は年収ベースで約730万円なので月収ベースにすると60万8491円です（家計調査〈家計収支編、2017年・速報値〉）。

総務省の統計では、2016年には専業主婦世帯の664万世帯に対して、共働き世帯は1129万世帯と、約1・7倍も多くなりました。

日本でもようやく1億総活躍社会の実現が叫ばれていますが、夫婦でフルタイムで働き、高齢者も働けば日本の世帯収入もシンガポールのように高くなることが期待されます。1人当たりの平均収入はそれほど差がないからです。

シンガポールでは専業主婦はめずらしく、出産をしてもすぐに復帰をしてフルタイムで働く女性が多いのです。物価が高いので、そうしないと子供の学費を支払ったり、自分達が欲しい物を買ったり、食べたいものを食べたりすることができない、ということもありますが、老後資金を充分貯めることができ、老後不安は解消されます。

シンガポール政府は労働力の重要性をよく理解しており、それに合わせた制度設計（保育所や外国人家事労働者サービスの提供）をしています。日本も世帯所得を上げて緩やかなインフレにしていかないとグローバル経済の中、じり貧になってしまいます。

定年退職は67歳

「シンガポールで老後生活を送るには、（世帯で）1億2000万円必要だから」

政府で働いているローカルの友人がことあるごとに言うセリフです。

シンガポールは物価が高く、社会保障が日本よりも薄いので老後や病気の時のお金が日本以上に必要になってきます。

ただし、67歳まで継続雇用を雇用主は申し出る義務があるため、働く高齢者は多いのです。ガイドラインがあり日本のように大幅に賃金カットがおこなわれることもありません。老後資金も自分で積み立てるために、働けば年金不安もありません。友人の母も65歳以上ですが、フルタイムで働き、趣味のヨガなどのワークアウトもして、活き活きと人生を楽しんでいるせいか、娘よりも若々しいです。

シンガポールでの高齢者世帯の1ヵ月の平均的な支出は30万円程度。ファッションなどにかける支出は若い世代より少なくなるのですが、健康関連の支出は増えて月2万円程度使っています。つまり、年間の支出は360万円、65歳から90歳までの25年間に換算すると9000万円必要になります。

これは平均的なシンガポーリアンのケースで持ち家が前提のシミュレーションになります（平均的な住居費は月4万円の設定）。持ち家のない場合や生活費が大きい場合はより多額の金額を準備する必要があります。

例えば、老後も賃貸で年間支出があと100万円追加で必要なら、25年間でもう2500万円必要になります。予備費なども加えるとやはり1億2000万円近い金額になります。

シンガポーリアンや永住権保有者は、CPFで若い頃から老後資金を積み立てていても、急には準備できる金額ではありません。中流以上の人達はCPFで足りないお金は銀行のSRSアカウント（税金の優遇を受けながら退職金を積み立てることができる口座）や、投資型の保険に加入（所得控除あり）をするなどをして別途自分でも積み立てをして若い頃から準備をしていることが多いのです。

65歳以上男性の労働力率（2016年） （%）

	日本	アメリカ	カナダ	イギリス	ドイツ	フランス	イタリア	香港	シンガポール
1985年	37.0	15.8	11.8	8.5	5.1	4.2	8.4	26.7	25.9
2014年	30.2	23.0	18.2	13.3	8.2	3.4	6.5	14.3	36.0

出典：独立行政法人労働政策研究・研修機構「国際労働比較データブック2016」改訂

対して、日本で老後生活を送るにはいくら必要でしょうか。2015年の総務省の家計調査によると、年金世帯の平均的な毎月の支出は27万5706円です。年に換算すると、330万円程度、25年間で8271万円程度の金額が必要になります。

これに対して平均的な月の収入は21万3379円で年間約256万円、25年間で約6401万円が必要になります。必要総額に対して年金などの収入だけでは赤字になるので2000万円弱の貯金が必要になります。

生活費の他にも住宅の修繕や介護費用など予備費も1000万円程度は確保したいので、夫婦で3000万円程度の老後資金が必要になってきます。

老後生活を送るには日本で暮らすほうが物価も安く、現段階では楽でしょう。しかし、日本には、「下流老人」という言葉もあり、収入や貯蓄が不十分で頼れる人もいない独居老人の孤独死が問題になっています。更に将来はどのような社会や経済状況になっているか分かりません。２０６０年には高齢者１人を１・３人の現役が支える不安定な人口構成になり、長生きリスクもあるので、「人生１００年時代」を見据えたより長期的なライフプランが必要になります。

世代によっては逃げ切れるかもしれませんが、更なる給付のカットや保険料の引き上げが行われる世代は自分で準備しなければならないお金が膨らみます。

確定拠出年金制度など日本でも老後資金を自力で作る制度が整いつつあります。今後は自助努力でもお金を作る時代になっていくでしょう。

自分のお金を自分で積み立てる自己責任の反面、税制の優遇を受けることができれば運用次第で老後資金を大きく殖やせる可能性もあります。

人口の４割が外国人労働者

シンガポールの合計特殊出生率は２０１４年ベースで１・２５（日本は２０１５年で１・４５）と少子化は日本以上に深刻な問題になっています。政府もお見合いパーティの主催など少子化対策に力を入れていますが、消費生活がとても豊かなので子育て以外のことに人々の興味が向いてしまっているようです。

ただし、シンガポールは人口の4割程度にも及ぶ外国人労働者を確保しているので、労働力不足は日本ほど深刻ではありません。大半は周辺諸国から来た、建築業、製造業、サービス業（外国人家事労働者など）などに従事する低技術労働者ですが、専門技術者、研究者、弁護士、医師、会計士、中間管理職などの高技術労働者も確保しており、富裕層や高技術労働者は永住権も取得しやすくなっています。

経済成長には資本、生産性、労働力が必要です。主に富裕層は資本に、高技術労働者は生産性に、低技術労働者は労働力に貢献します。そしてシンガポーリアンの雇用を守るために、中レベルの労働者のビザの支給は制限しています。また、治安を維持するためにルールに従わないと強制送還といった強硬手段も取っています。恣意的ですが、国にとってメリットのある者を選別して、異なる種類のビザを発行しているのです。

世界銀行が2016年に発表した「世界で最もビジネスがしやすい国」でもシンガポールは2位にランクインしているのですが、日本は34位でした。シンガポールの一番の魅力は税率が低いこと、行政手続きが簡単ということなどが挙げられます。個人の所得税率は居住者の場合、最高でも22％です。法人税は一律17％で起業時に減額される制度もあります。日本の消費税に当たる税金は現行7％（2021年以降は9％に増額予定）で、配当税、相続税、キャピタルゲインにかかる税金はありません。

対する日本は所得税の最高税率は45％、住民税が約10％、法人税が約23・4％、相続税と贈与税の最高税率は55％、キャピタルゲインの課税は原則20％です。そのため、日本人富裕層などが租税回避の目的でシンガポールに移住をするというケースが増えました。

日本では、富裕層が租税回避のために海外に流出することを避けるために2015年7月1日から「国外転出時課税制度」が導入されました。株式などに関わる金額の合計額を1億円以上保有している人が出国する（非居住者となる）時、その時点で株式などを譲渡したものとみなして課税されるという内容です。

日本は必死に富裕層の海外流出を阻止していますが、税率の見直しや行政手続きの簡易化などで外資を誘致していく必要があるでしょう。

多くの欧米系企業のアジアヘッドクォーターは税率の低いシンガポールや香港に置かれています。シンガポールのラッフルズプレイスという金融街には世界の名だたる金融機関のビルが建ち並び、東京よりもずっと規模が大きいです。外資系金融機関で働く欧米人もシンガポールには非常にたくさんいます。ただし、トランプ政権による連邦法人税の減税によって、シンガポールと米国との法人税の差が小さくなり、今までのようにシンガポールにビジネスの拠点を置くという旨味《うまみ》が米国人にとっては少なくなるでしょう。これによって、シンガポールに住む外国人の国別の割合も変わっていきそうです。

優秀な外国人労働者は好待遇

ＡＩが進化する中、日本はエンジニアの人数が不足していると言われていますが、シンガポールは優秀なエンジニアを積極的に呼び込み、給与やビザなどの条件面でそれなりの待遇を与えています。

厚生労働省が２０１７年12月に発表をした２０１７年11月の有効求人倍率は１・５６倍で、仕事を探している人よりも、人を探している企業のほうが多い状態がここ最近続いています。超高齢化社会に伴って労働力がますます不足することは目に見えています。リー・クアンユーも日本が生産年齢人口の減少を補うような政策をとっていないことに対して、著書の中で厳しく批判しています。日本人だけですべてをやりくりしようとするのでは人手不足になることは目に見えており、シンガポールのように外国人労働者の確保が必要になります。内閣府は毎年20万人の移民を受け入れることで、合計特殊出生率が人口を維持できる水準に回復すれば今後100年間は人口の大幅減を避けられるという試算を出しました（2014年）。

ただし、大量の移民受け入れは国民からの大きな反対は免れないでしょう。中国などアジアからの留学生が増えていますが、まずは優秀で意欲のある若い学生達の受け皿を企業が提供することが必要になります。その際にシンガポールのように国籍や人種に関係なく同じような機会を与えていかないと、優秀な人材を日本に引き止めることは難しいでしょう。

また、政府も「同一労働同一賃金」を働き方改革の柱にしていますが、ほとんど同じ仕事をしているのにもかかわらず、非正規と正規雇用労働者の賃金が大きく異なるという格差を是正していく必要があります。賃金の格差はシンガポールの日系企業でもあります。例えば駐在員と現地採用の社員は同じような仕事をしていても、賃金や手当に大きな差がありま す。そのために待遇の良い外資に転職する人が多いのです。シンガポールの外資系企業を渡り歩いている日本人に話を聞くと、「リストラのリスクはあるがキャリアを作るのは日本よりもずっと楽」という声を聞きます。30歳前後であれば産業を変えたり職種を変えたりする転職も融通が利きます。男女や人種による差別もなく、英語などの語学ができて優秀な人材は、現段階では労働市場がフレキシブルなシンガポールのほうが働きやすそうです。

今、まだ日本に魅力があるうちにアジアの優秀な人材を確保しておく必要があるのではないでしょうか。時すでに遅しという段階に来てしまっては、誰も日本を選んでくれなくなるかもしれません。

配偶者控除は約32万円

シンガポールでは共働きがスタンダード。シンガポーリアンや欧米人の多くの女性が働いています。外国人ヘルパーや保育施設、無痛分娩の産院やオーガニックのミルクなどが充実しているので子供を預けて働くことが容易という理由が挙げられます。

日本では出産で仕事をやめると、2億5000万円もの生涯賃金を失うというデータもあるほどです。「国民生活白書」（2005年）によれば、大卒女性が仕事を中断することなく、38年間働き続けた場合の生涯賃金は退職金込みで約2億7700万円です。育児休業を2年間取得して36年間働く場合、失うお金は約1900万円と比較的少なく済み、生涯賃金は約2億5800万円となります。一方、出産後退職をして8年間のブランクを経て再就職する場合、正社員として復帰するケースの生涯賃金は約1億7700万円、パートとして復帰するケースの生涯賃金は約4900万円になります。結婚後は専業主婦という場合の生涯

出産で仕事をやめると約2億5000万円を失う（大卒女性の場合）

キャリアプラン	生涯賃金
38年間働き続ける場合	2億7700万円
育児休業を2年間取得し、36年間働く場合	2億5800万円
出産後退職、8年間のブランクを経て正社員として復帰	1億7700万円
出産後退職、8年間のブランクを経てパートとして復帰	4900万円
出産後退職、そのまま専業主婦に	2200万円

出典：日経DUAL「花輪陽子　赤ちゃんと私のハッピーマネー日記」改訂

賃金は約２２００万円と、ずっと働き続ける場合と比べると２億５０００万円ものお金を失うことになります（28歳で第１子出産、31歳で第２子出産と仮定）。

シンガポールでは子供の病気などで仮にいったんキャリアに穴を開けた場合もパートタイマーとして復帰という働き方にはなりにくいです。雇用が流動的なので再度面接をしてフルタイムで同じような職種に就くというほうが一般的です。日本のような「キャリアを中断したから保育所に入れない↓パートタイマーとして働くしかない↓フルタイムじゃないから保育所に入りにくい↓パートタイマーとして働くしかない」といった負のループに陥ることは考えにくいのです。

また、日本では夫の扶養の範囲（年金や保険など夫の扶養に入る）で働くというインセンティブが働きやすいのも問題だと思います。配偶者控除の改正により、年収150万円まで控除を最大に受けることができるようになりました。シンガポールの場合も配偶者控除はありますが、妻の収入が年間32万円程度とより低く、控除額も少ないです。そのため、配偶者控除の範囲で働くという発想になりにくく、そもそも社会保険の扶養などありません。

出産後の働き方によって女性の生涯賃金は2億円程度変わるので目先の損得だけではなく、個人も長期的なマネープランを立てる必要があるのと同時に企業側も雇用の流動化が求められます。

共働き大国でも待機児童ゼロ

シンガポーリアンの場合、出産の1ヵ月前まで働き、産後3ヵ月程度で復帰をすることが一般的です。16週間分は有給で会社もしくは政府からお金を受けることができます。2017年から育児休業制度が拡充し、父親の育児休暇が2週間となり、7月には母親との育児休業の共有期間が拡大されました。

外国人の場合の産休は12週間で8週間は会社からお金を受けることができ、それ以上は雇用主との契約次第になります。

これに対して日本は産休だけではなく育休があり、最長で子供が2歳まで給付を受けることができます。産休中・育休中の社会保険料も免除になります。母子のことを考えると日本の制度は手厚くてよいのですが、キャリアという面を考えると早期復帰をするほうがスムーズに仕事に戻ることができます。子供にお金がかかるのに無給で休み続けていると生活が厳しくなるので早期復帰を選択しようという気にもなります。

また、CPF（強制自動天引き）があるので、働かないと将来もどってくるお金も少なくなります。

シンガポールの保育所は入りやすく、外国人ヘルパーを雇うこともできるのでシンガポールでは子供の預け先を心配することなく働くことができます。たとえ専業主婦でも保育所を利用することができますし、日本のように世帯収入が高いと保育所に入りにくいといった問題もありません。

シンガポールの保育所の料金は高く、月10万円前後するところが一般的です。ただし、ローカルの保育所ではシンガポーリアンには助成があり、ワーキングマザーは助成をより多く受けることもできます。

合計特殊出生率比較（2014年）　＊(　)内は2015年

	日本（単位：人）	シンガポール（単位：人）
2014年	1.42（1.45）	1.25（1.24）

出典：〈日本〉厚生労働省「人口動態統計」をもとに内閣府作成を改訂
〈シンガポール〉United Nations "Demographic Yearbook", WHO "World Health Statistics" 各国統計

女性の労働力比較（2014年）

	日本（%）	シンガポール（%）
25～29歳	79.3	88.6
30～34歳	71.0	83.3
35～39歳	70.8	80.9
40～44歳	74.3	78.1

出典：独立行政法人労働政策研究・研修機構「国際労働比較データブック2016」

〈日本〉総務省統計局（2015年５月）「労働力調査（基本集計）」

〈シンガポール〉労働省（2015.1）Singapore Yearbook of Manpower Statistics, シンガポール統計局（2015.1）Labcur Force in Singapore 2015, 同（2015.11）Yearbook of Statistics Singapore 2015。国籍保有者及び永住権保有者を対象。2014年6月の数値

「働いていないから収入が少ないのに助成が少ない」と嘆く専業主婦ママもいますが、これは政府が女性の労働を促しているからです。政府が女性に働いてもらうモチベーションの与え方が上手だなと感じます。

また、ローカルの保育所は平日7時から19時など長時間開いており、3食付でシャワーも入れてくれて土曜日の預かりがあるところも多いです。休みも少なく、両親が働くことを大前提としたシステムになっているのです。

土地がなくても保育所は作れる

「土地がないから保育所を作れない」「住民が反対をするから保育所を作れない」。日本では待機児童問題を語るとき、保育所を大幅に増やせない理由としてこんな話をよく聞きます。

シンガポールの国土は東京23区程度でもっと土地がないはずです。しかし、ビルの一室やマンションの敷地などを有効活用しているので保育所がたくさんあります。歩ける範囲でもいくつ保育所があるのだろうというくらいの数です。

その多くは園庭のない保育所です。しかし、外から見るとビルの中だし、どうなんだろうという保育所も見学をするとびっくり。広い屋上には芝生が全面に植えられていて、そこでガーデニングをしたり、子供達が運動をしたりすることができる施設もあるのです。

我が子が通っていた幼稚園も幼児教室も建物の一室で園庭はありませんでした。しかし、屋上のようなところでピクニックをしたり、水遊びをしたりすることもあります。

子供が小さい間は多少条件が恵まれていなくても預けられるほうがよいのではないでしょうか。母親も子供を全く預けられないと息が詰まります。シンガポールでは午前中だけ預けるスタイルも選択することができます。

日本では空き家問題が深刻化しており、全国の空き家率は13・5％で、東京も10・9％です（「平成25年住宅・土地統計調査　特別集計」）。一部の都心のオフィスでは空室率が低下していますが、今後は人口が急速に減少していくので空き家問題は更に深刻化していくことが予想されます。空き家の有効活用をすれば保育所を作っていくこともできるのではないでしょうか。

日本は政府が主導して一気に保育所を作っていくというよりは民間主導になりそうです。大手小売りのイオンなど従業員向けに保育園の数を増やしていますが、地域の子供達の受け入れも行い待機児童解消に貢献しようとしています。政府が新たに設けた「企業主導型保育事業」の助成金を使った、企業による保育施設開設の動きが急速に広まりつつあります。

保育士不足をどうするのかという問題もあります。シンガポールでは保育士はシンガポーリアンが多いですが、私の子供が通っている幼児教室にはフィリピンやマレーシアから来ている先生もいます。皆、英語の発音はとてもよく、子供にとってよい英語の先生となっています。日本でも英語教育のために外国人の保育士を希望する親も多いのではないかとも思いますが、政府が移民の受け入れを行うのか注目をしたいです。

銀行サービスは世界最強レベル

日本では、英国のＨＳＢＣなど外資系銀行が個人の銀行業務から次々と撤退し、利用できる外資系銀行のサービスは限られています。これに対してシンガポールではＨＳＢＣ、シティバンクに加えて、スタンダードチャータード銀行、オーストラリア・ニュージーランド銀行など外資系の総合銀行が30弱あります。

加えて、地場の銀行としては、華僑銀行（ＯＣＢＣ）、大華銀行（ＵＯＢ）、政府系銀行のＤＢＳ銀行などがあります。ブルームバーグ社による「世界銀行番付」（２０１５年）でもシンガポールトップ３のＯＣＢＣ、ＵＯＢ、ＤＢＳは世界でトップ10に入っています。日本の銀行でトップ20に入っているのは農林中央金庫の1行です。シンガポールの銀行は安全性に加えて効率性も高く、同調査では殿堂入りのように毎年上位に食い込んでいます。

日本では銀行のサービスは横並びでほとんど変わりませんが、シンガポールでは預金額に合わせて受けられるサービスが違います。

ステージが上がると、銀行のラウンジを無料で利用できたり（コーヒーやクッキーなどが無料で、ちょっとした打ち合わせもできる）、海外送金無料や両替手数料割引や融資金利の優遇など様々な特典を受けることができるのが一般的です。また、超富裕層向けにプライベートバンクがある銀行も多くあります。

日本では規制が厳しいので取り扱えないような金融商品もシンガポールでは商品によっては購入ができます。例えば、投資型の生命保険です。利回りは3％以上の場合が一般的で、多くのシンガポーリアンが老後資金を運用しています。日本に住所があると購入ができないのですが、シンガポール居住の間であれば購入することができるので駐在員にも人気があります。

また、外債や外貨建ての投資信託のラインナップも非常に豊富で、富裕層はグローバル企業の債券でポートフォリオを組むことが多いです。特典は多いのですが、日本の銀行と違って口座開設時に最低預金額を要求する（残高を下回ると維持費がかかる）銀行が多くあります。預け入れ額は8万円程度で済む銀行もあれば、最低でも16万円程度から（一番上のクラスだと1600万円程度）という銀行もあります。

2010年頃に日本の旅行者が海外旅行の際に香港やシンガポールで口座を開いて、お金を入金して金融商品を購入するというツアーが流行《はや》りました。日本人顧客の英語力不足や休眠口座（開いたままで取引をしない）なども問題になりましたが、当時はパスポートなどがあれば英語が話せなくても口座を開くことができました。

現在は、日本居住者が海外の金融機関の口座を開設するのは難しくなっています。香港には口座開設時にはデポジットが要らず、日本語対応もある新生銀行などが出資している「Nippon Wealth Limited, a Restricted Licence Bank（NWB）」もありますが、シンガポールではシティバンクが2200万円程度からと金額のハードルが上がります。

シンガポールではビザの発行などもそうですが、大盤振る舞いをする時期もありますが、問題があるとまたすぐに引き締めるという傾向があるからです。そのために、日本から外国に口座を開くとなると香港の金融機関が人気です。ただし、確認書類が複数必要なので渡航前に必要書類の確認は必須です。

これに対して日本の銀行は口座維持費もなく、口座開設の際にも大金のデポジットも求められないのが一般的です。しかし、その分、預金金利が低く、外資系銀行と比べるとサービスも見劣りします。海外居住者からみて困るのが日本の銀行からだと海外送金が非常にしづらいことです。一日の送金限度額も低く、マイナンバーを求められるケースが多いです。日本円を口座に入れておけば世界中のＡＴＭから引き出せるというサービスも限られた銀行でしか受けることができません。

アジアなど海外に出て行く日本人は増えるので、どの国にいても均一のサービスを受けることができるようにして欲しいと感じます。

資産運用のプロ・花輪家の場合

我が家の資産運用に関しては現在のところ、円資産がメインですが、徐々にシンガポールドルなど外貨資産を殖やしています。というのも、生活の拠点が海外になったので教育費の支払いなどでもシンガポールドルが必要になるからです。また、シンガポールの地場の銀行のサービスも金利が高く魅力的なので為替《かわせ》レートを見ながら少しずつ移しています。

我が家は私もフリーランスで夫も起業意識が高いために、リスクをあまり取れないという事情があり、現在は株式や預金などすぐに換金ができる資産が大半を占めます。また、ビットコインはシンガポールでも人気があるのですが、そうした流行りの商品は勉強のために失ってもよい程度の少額で試しています。

シンガポールで本腰を据えると決めたら、節税がてら投資型の保険や付加退職年金（SRS）などを活用したいと思っています。債券は110万円程度から購入できるものもありますが、一般に1100万円程度からの投資になるので、ポートフォリオを組むには3000万円程度必要になります。資産がもっと殖えてきたら、ぜひ外債で運用をしたいと思っています。

ただし、シンガポールでは銀行預金でも3％を稼ぐことができ、クレジットカードの還元も5％と非常に大きいです。預金金利は各銀行で違うので、少しでも金利が有利な銀行に余裕資産を移し、必要な支出はできる限りカードで支払い、キャッシュバック等の恩恵を受けるように心がけています。

また、ホテルなどのポイントカードやメンバーシップ割引も大きいので、年会費無料など負担が少ないものは入るようにしています。ポイントもバカにならないので、よく利用する店舗ではためるようにしています。幸い、シンガポールではアプリやオンラインでの管理が多いので、ポイントカードで財布がパンパンにはなりません。

このように、小さな積み重ねですが、低リスクでメリットが大きいことは手間暇をかけてでも受けるようにしています。株式投資も原則として非課税なので、オンラインの証券口座を開設しています。

私の資産運用のスタイルは、あくまでも銀行や証券会社は資産の保管場所として利用をし、上場している投資信託（ＥＴＦ）、国債などの債券、銀行預金などを中心に自分で運用を行い、怪しいファンドなどにはうかつに手を出さないようにしています。

というのも、手を替え品を替え詐欺ファンドはこの世の中からなくならず、大手金融機関などもだまされるほどだからです。詐欺ではなくとも手数料が高いファンドも多いので、昔からある株や債券ですぐに換金ができる商品が分かりやすくてよいと思っています。このシンプルな投資方法は世界中どこに行っても有効な手立てだと確信しました。

地理的に無防備でいられない

「あれ。今日、Ｔ先生はお休みですか？　子供がレッスンを楽しみにしていたのだけど」

「彼はナショナルサービス（兵役）に行っているのよ。政府から呼び出されちゃったみたいで」

シンガポールにいると、兵役の話が話題に出ることも多くあります。

「息子が生まれたのだけど、私の母国タイでも兵役があるし、夫の母国スイスでもあるし、ここシンガポールでもあるからね……」などといった具合です。

シンガポールでは、18歳に到達したシンガポーリアン男子と親が永住権保有者の外国人男子は2年間ナショナルサービスに従事する義務があります。そのため、男性は大学に行くのが女性よりも2年遅れ、社会人を始めるのも遅くなります。社会人経験の長い女性のほうが先に昇進することも多く、女性が非常に強い国です。反対に男性はおとなしくて優しい人が多いようです。その後も男性は40歳までは年一度召集に応じる義務があります。

子供が通っている幼児教室の20代の男性スタッフも召集されてナショナルサービスに出向いていたので、「こんな身近なところに」と驚きました。兵役があるからか、シンガポーリアンの男性は引き締まった肉体の人が多いように感じます。シンガポールで永住権を取得すると兵役の義務が発生するために、男の子がいる日本人などの家庭ではあえて永住権を取らないという選択肢をとることもあります。日本では徴兵制はありませんが、世界には徴兵制を実施している国家や地域も多く、アジア諸国では韓国、北朝鮮、タイ、マレーシアなどが代表例です。スイスは永世中立国ですが、その代わりに国防を自国で行う必要があるため徴兵制を導入し、実は軍人の割合が高い国です。

シンガポールは国家予算のうち教育費と並んで軍事費に一番お金をかけており、米軍とも安全保障協力という形でパートナー関係が強化されています。シンガポールは地理的にもマレーシアと陸続きで大国のインドネシアも近隣にあります。

また、シンガポールはマラッカ海峡の出入り口に位置しており、中東とアジアを結ぶ交通の要所で、タンカーやコンテナ船など経済的に重要な物資を運ぶ大型貨物船が行き交います。そのため、無防備でいることはできないのです。独立記念日のお祭りでは戦闘機の航空パフォーマンスがあり、国旗に描かれた5つの星を表現したり、50という数字の形のフォーメーションを組んだりして、その技術の高さをお披露目しました。日本では考えられませんが、街中や集合住宅のすぐ頭上でパフォーマンスは行われていたのです。

日本でも平和安全法制が施行され、集団的自衛権の行使が可能になりました。安保法案反対デモが日本各地で行われましたが、感情だけではなく、データからも考察する必要があります。

大量の戦争データを数量分析したブルース・ラセット氏とジョン・オニール氏は、共著

『Triangulating Peace』の中で「戦争を防ぐための5つの要件」を示しています。

①しっかりと同盟関係を結ぶことで、　戦争リスクが40％減
②相手と同等の軍事力を持つことで、　戦争リスクが36％減
③民主主義の程度が標準的になれば、　戦争リスクが33％減
④経済的依存度が相互に近くなれば、　戦争リスクが43％減
⑤国際的組織加入が標準的になれば、　戦争リスクが24％減

しっかりと同盟関係を結ぶことで戦争リスクを減らすことができるのです。

スイスのように単独で自衛をおこなうのなら、より多くの国防費や人員が必要になるでしょう。隣国にいる大国中国の脅威や北朝鮮情勢が予断を許さないなか抑止力を上げていくことも求められます。

第二章　快適な生活

出生・死亡届もオンラインで

シンガポールでは、出生届や死亡届、法人登録手続きなど各種行政手続きをオンラインで行うことができます。各種証明書の発行をする場合は、オンラインで申し込みをして郵送で受け取ることも可能です。ビザの申請ですらオンラインで情報や必要書類を入手することができ、面接の予約もオンラインで行うことができます。支払いもデビットカードやクレジットカードで行うことができるのでスムーズです。

シンガポールではイギリス統治下の１９４８年から国民登録番号制度が導入され、外国人のビザにも番号が与えられます。すべてこの番号で情報管理がされているので、行政サービスのオンライン化も進んでいます。

税金の支払いは日本のような源泉徴収ではなく確定申告をして個人で支払うのですが、支払いも銀行のオンラインバンキングから簡単に行うことができます。もちろん日本のように印鑑などは必要なく、銀行口座を開設する際もＩＤなど身分証明とサインがあれば大丈夫なのです。

これに対して日本の行政手続きは煩雑過ぎます。日本に一時帰国中に印鑑証明が必要になったことがありました。日本を出国する際に、住民登録や印鑑登録を抹消したので証明書を出すことができません。代わるものを海外の日本国大使館で取得すべく、私は一時帰国中だったので夫に行ってもらったのですが、本人の身分証明書の原本がどうしても必要ということで取得することができませんでした。

また、戸籍関係の書類を取り寄せようとしたところ、本籍地でないと取得ができないので郵送申請をしました。お金の支払いも定額小為替なので郵便局にも行く必要がありました。役所や郵便局などは営業時間も短いので、平日の昼間にすべての用を済ませなければなりませんでした。

日本にいた時から煩雑だとは思っていましたが、ほとんどがオンラインで完結してしまうシンガポールで生活をしてからは、耐えられないレベルだと感じるようになりました。私は海外にいるのでより手続きが煩雑なケースかもしれませんが、それでも共働きで忙しい夫婦にとっては非常に煩雑過ぎる作業なのではないでしょうか。

外資誘致をする際にもマイナスに働きます。日本貿易振興機構のアンケート調査（2016年）によると、アンケートに回答した外資企業の約半数が、行政手続きの煩雑さと規制の多さを事業の阻害要因として指摘しています。また、ビザや在留資格のほか、法人税や住民税といった税務手続きは窓口に出向く必要があり、負担が重いという意見も多かったのです。英語の情報が少なく言語の壁を指摘している回答もありました。

その点、シンガポールは必要な手続きや書類が、すべてインターネット上に英語で記載されており、オンラインで多くのことが解決できます。外資誘致のためにも行政手続きを簡素化し、窓口を一元化しているのです。自国で産業を持たないシンガポールは、外資誘致の本気度が日本と大きく違います。

しかし、そんな日本でも、対日直接投資を推進するため、規制・行政手続きの簡素化について検討し、関係府省庁等と調整することを目的として、「規制・行政手続見直しワーキング・グループ」が開催されることになりました。

一刻も早く、個人、法人ともに行政手続きを簡略にしていただきたいものです。また、メガバンクでも印鑑なしのサイン認証が導入されていますが、これは海外では当たり前です。印鑑は紛失リスクもありますし、どこででも買えるのであまり意味がないと思います。習慣的にやっているけれども意味のないところをやめていき、世界標準に合わせていかないと今日のビジネスのスピードに追いつかないのではないでしょうか。

また、IT化することによって職がなくなるリスクはありますが、日本は全体的に見ると人手不足なので、別の仕事にシフトをすることも可能でしょう。

徹底した交通政策による経済効果

インドネシアやタイなどの東南アジアでは車の渋滞がひどいですが、シンガポールではピークアワー（混雑する時間帯）に特定のエリアで渋滞があるくらいで、その他ではほとんど見られません。渋滞にはまった場合も、通常より何分か時間をロスするくらいなので、何時間も渋滞にはまるということはまずありません。

国土交通省の調べによると、日本全国で年間に発生する渋滞による経済損失額は12兆円とも言われています。これは横浜市の市内総生産に相当する額になります。ETCの普及によって料金所での渋滞は減少しましたが、それでも盆や正月などの帰省ラッシュでは長い渋滞の映像がメディアで取り上げられ続けています。渋滞にはまって車が何時間も動かなくて、うんざりした経験をしたことがある人も多いのではないでしょうか。

シンガポール政府は渋滞による経済発展の阻害をいち早く見抜き、効果的なインセンティブと制約のシステムを作り、渋滞の深刻化を防いでいます。渋滞によって、人、物、金の流通が滞り、救急車の到着が遅れるなどといったことがあれば大きな被害が出かねません。

ベトナムのホーチミンに行った時に渋滞がひどく、到着時間が読めずに計画が狂うこともあり、一日に色んな場所を行き来することも難しかったです。その点、シンガポールでは安心して人と待ち合わせができ、一日にいくつも予定を立てて効率的にタクシーで移動をすることもできます。日本では子連れだと、「電車が混む時間までに帰らなくては」というシンデレラになったような気分でハラハラドキドキするので、遠方まで出向くのが躊躇《ためら》われます。しかし、シンガポールでは、たとえ子連れであろうがタクシーで安価に移動ができるので、そんなことを気にする必要はありません。

シンガポールでは道路密度が高く通行容量が十分にあり、需給量のコントロールを徹底しています。具体的には自動車購入コストを高くし（その分、公共の交通機関やタクシー料金は安価に設定されている）、ピーク時に特定のエリアを避けるような料金設定になっています。

また、料金所や電車の踏切なども見られず、自動車の加速・減速ができるだけ起こらないしくみになっています。マイカー派の人にとっては自動車購入コストが高くてたまったものじゃないと思われるかもしれませんが、タクシー派の人にとっては最高の国だと言えます。

私も1年間タクシーを乗り倒しましたが、シティエリア（シンガポールの中心部）で生活をしていたこともありますが、年間の交通費は東京にいた時の公共の交通機関を利用した程度の金額だったので驚いたほどです。

シンガポールで自動車を買う場合、日本で自動車を買う時の3倍程度の費用がかかると思ったほうがよいでしょう。例えば日本人にはおなじみのトヨタ・カローラでも、シンガポールで買うと1000万円近くかかってしまいます。

それなのに、BMWやアウディ、ベンツやフェラーリなどの高級車も街を普通に走っており、ロールス・ロイスを見かけることもあるので驚かされます。日本では、実用的なワゴンなどファミリーカーが多いようですが、シンガポールではフェラーリなどスタイリッシュな高級車が多いのです。実益よりも見栄の文化だからでしょうか。

なぜ、こんなにもマイカーの購入費用が高くなるかというと、前述のように政府が渋滞緩和のためにマイカー保有を制限しているためです。

自動車を生産していないシンガポールでは「自動車＝輸入車」なのですが、車両本体価格には輸送費が上乗せされるため、それだけですでに高くなっています。その上に、関税（20％）、消費税（7％）、登録料、追加登録料（車両本体価格の100％）、新規車両登録権利書費用などがかかるために、超高額になってしまうわけです。

その代わりに、シンガポールではタクシーやバス、地下鉄などの公共交通機関の運賃が日本よりもずっと安いのです。例えば、平日の早朝なら地下鉄運賃の一部は割引があり、ほかの日時でもバスや地下鉄の料金は100円以下で収まる場合が多いので、多くの庶民は、移動する際にバスや地下鉄を利用するのが一般的です。

日本ではママチャリをはじめ自転車はおなじみですが、シンガポールではあまり見かけません（趣味で乗っている人や最近普及しつつあるレンタサイクルを利用している人はまれにいますが）。赤道直下で年中暑く、季節によっては大気汚染やスコールがあるので、自転車に乗るのが難しいからでしょう。また、車の運転が荒いこともあり、交通事故のリスクも低くはなさそうです。

このように、公共の交通機関が充実していて運賃も安いために、シンガポールでマイカーを保有しているのは、中流以上というよりは、一部の富裕層に限定されています。つまり、シンガポールではマイカーは完全に嗜好品の一種なのです。セントーサに住む友人でフェラーリを始めとした高級車を4台ほど（加えてバイクも）保有している家庭を知っていますが、完全にパパの趣味のようです。

おかげでシンガポールでは、他の東南アジア諸国と比べると、渋滞はあまり見られず（休日の夕方にスコールが降って、シティエリアにいる場合などは渋滞になることもありますが）、政府の交通政策はとてもうまくいっています。

時間帯で変動するタクシー料金

シンガポールでは日本と比べるとタクシー代は半額程度です。初乗り運賃は２００円程度からと手頃な料金です。国土が狭いこともあり、シティエリア内の移動なら１０００円前後、空港からシティエリアまで移動する場合でも、２０００円前後で済むことが多いです。したがって時間のない旅行者やビジネスで来ている方も気軽にタクシーで移動できます。

タクシー料金は「ピークアワー」や「シティエリア」などで乗車する場合にはサーチャージが上乗せされ、こちらも渋滞緩和に貢献するような料金設定になっています。

しかしタクシーの乗車方法は、日本とは違いタクシーが停車できないエリアがあり、慣れるまで道で拾うのは難しいです。タクシースタンドから乗る、タクシー会社などのアプリやＳＮＳで予約をしてから乗る方法などがあります（予約料金として別途２００円程度かかります）。日本でもサービスを開始した「ウーバー（ＵＢＥＲ）」（一般のドライバーが客を乗せる配車サービス）も、シンガポールでは普及しています。雨の日だと混んでいてタクシーを呼ぶことができない場合もありますが、ウーバーなど一般ドライバーの場合は高い値段を払えば呼ぶこともできます。反対に需要が低い時間帯は安い料金で乗車できます。

また、日本では日本交通など大手タクシー会社が２０１８年からシェアドライブ（相乗り）サービスの実証実験を始めますが、シンガポールではすでに普及しており、これを使えばタクシー代を節約することも可能です。

ウーバーも日本ではタクシー業界からの抵抗が強く、ドライバーや車両を国に登録をする必要があり、東京などのエリア限定の条件付きでのサービスになっています。アメリカやシンガポールで利用した時と比べて、料金面などでまだ大きなメリットが感じられないのですが、今後普及が進めばより安い料金での乗車が可能になるかもしれません。

シンガポールでは「Ｇｒａｂ」というローカルのタクシー配送会社とウーバーが熾烈なシェア競争をしており、値引き競争が激しいので利用者はその恩恵を受けることができていましたが、今後は両社が統合される予定です。

シンガポールでのタクシーの乗車マナーは日本とは異なり、料金が安いため、ドアの開け閉めやトランクに荷物を載せるのも（子供連れだと助けてもらえることもありますが）、基本的にはセルフサービスだと思ったほうがよいでしょう。というのもタクシー運転手も低賃金で働かなければならず（チップはない）、副業でやっている人もいるからです。道にあまり詳しくない人も多いので、道路名や住所などきちんと目的地を伝える必要があります。デビットカードやクレジットカード払いができるタクシーが多いですが、現金払いのみのドライバーも中にはいます。とはいえ、ほぼ毎日のようにタクシーに乗っていますが、今まで一度も危ない目に遭ったことはありません。基本的に優しいドライバーが多く、子供と２人で乗車をしても安心で、これもシンガポールの治安の良さのなせる技です。

対する日本のタクシーは、サービスはよいですが、料金が高額です。一時帰国中に子連れで帰宅ラッシュを避けるために乗車したら、都内の13キロの移動（40分程度）で４５００円程度かかりました。シンガポールと比べると倍かかるので気軽には乗れない料金です。

需要の少ない時間は料金を下げるなど料金設定をもう少し小刻みに変えるなどがあれば、子連れで困っている人も乗りやすいのではないでしょうか。まだまだ日本ではタクシーは贅沢で庶民の足にはなっていませんが、ウーバーなど新しいタクシー配車サービスに期待をしたいところです。

公共交通機関も心もバリアフリー

シンガポールの公共の交通機関はほぼすべてバリアフリーになっています。地下鉄の駅にはエレベーターが設置されており、東京より規模がコンパクトなので初めての駅でも探しやすいです。地下鉄のホームにはホームドアが付いており、電車とホームの隙間も狭いのでベビーカーを押しての乗り降りも容易です。新しい国で、規模が小さく、人口密度も高いのでバリアフリーなども一斉にできたのでしょう。日本のバリアフリー化に関しては、街が古く、国土も広いのですべてを変えるのは大掛かりです。

電車のホームドアが付いているのは都心など一部の駅に限られていますが、転落事故やそれに伴う遅延などの経済損失は大きいので、ホームドアの数を増やして欲しいものです。

シンガポールでも古くからある繁華街・オーチャードの地下街でバリアフリーになっていないところもありますが、ほとんどの欧米人やシンガポーリアンは助けてくれます。

ある時、地下鉄の駅で働く女性が全盲の人の杖に足をひっかけて転んでしまったところに遭遇しました。その時、まわりの人がすぐに転んだ女性に手をさしのべ、別の人が全盲の人を地下鉄のホームまで連れて行きました。当たり前のように困っている人にすぐに手をさしのべたのです。

ベビーカーを押していて荷物を1人では持ち上げられないような時も一緒に持ち上げてくれたり、ドアを開けてくれたりする人も本当に多いのです。

子連れだと座席もすぐに譲ってもらえます。そういう理由もあって、ベビーカーや車いすの利用者も気軽に街に出かけることができます。

日本に一時帰国中に、名古屋駅周辺で2歳の子供と60代の母親とスーツケースとベビーカーを持って電車に乗っていた時、7人掛けの座席に若い男女5人が座っていて荷物まで座席に載せていて、私達が立っているのに全く気づいていませんでした。その時はさすがに、「子供だけでも座らせてください」と言って子供を座らせました。それでも荷物をどけずにいたので、私と母親は大きな荷物を持って立っていなければいけませんでした。

また、ある時は新幹線の到着直前に子供が眠ってしまい、降りる際に子供を抱き、かつスーツケースと旅行バッグを担ぐ必要がありました。なんとかホームに出ることができ、幸い母親がホームまで来てくれて助けてくれたのでよかったのですが、身内以外に助けてくれる人はいませんでした。シンガポールで同じようなシチュエーションに遭遇したら、ほとんどの人が手をさしのべてくれます。なぜ日本人は他人に手をさしのべないのでしょうか。おそらく、悪気はないけれど、手の差し出し方が分からないのではないでしょうか。

私は高校までずっと公立校だったのですが、公教育の場で困った人への手のさしのべ方を具体的に学んだ記憶がありません。日本人は言われたことをその通りにすることは得意なので、マニュアルを作ってどうやって手助けをすればよいのか、事細かく教えたらよいのではないでしょうか。そうでなければ、海外に行って自分が手をさしのべられて、そこから学ぶしかありません。

早朝割引で電車通勤ラッシュなし

日本の電車の通勤ラッシュの酷さは海外でも悪名高いです。シンガポールの人口密度は世界2位（日本25位）なのに通勤ラッシュは日本ほど酷くはなく、ベビーカー通勤も可能です（実際にしている友人もいます）。家と職場が離れていて子供を職場近くの保育所まで連れていかなければならないという場合でも、子供を安全に電車に乗せることができます。

なぜ朝のラッシュが酷くないかというと、特定のシティエリアでは平日の朝7時45分までに乗車をすれば電車代の割引を受けられるといった混雑を避けるインセンティブを政府が設けているのもあります。シンガポールでは、バスや電車に乗車する際にプリペイドカードをかざすことが一般的（現金だと料金が割高になる）なので、場所や時間によって料金を変えることも電子システムで容易にできます。

日本も電子マネーが浸透してきているので、交通各社も割引によって通勤ラッシュの混雑緩和を試してみるのもよいと思います。例えば、朝の通勤ラッシュ前の時間帯の料金の値下げをする、夕方の帰宅ラッシュの17時から18時は料金を上げるなどです。

また、改札が混むのを避けるためにも電子マネーと1回切符の料金の差を、より多くつけてもよいと思います。シンガポールでは80円程度で行ける範囲なのに電子マネーではなく現金で支払うと、料金が２倍の１６０円になるということもあるほど、差をつけています。

赤道直下なのに涼しい緑化対策

シンガポールは赤道直下の熱帯にもかかわらず年間の平均気温が26～27度程度とそれほど暑くありません。東京の夏よりずっと涼しく感じます。これは政府の緑化政策が功を奏したからです。

国に余裕がなかった時代からリー・クアンユーが海外から専門家を呼び、シンガポールで育つ植物を研究し、緑化政策を推進させてきました。世界トップレベルの緑の国を築き上げることで、海外投資家や観光客などに安心感、快適さ、清潔なイメージを与えることができ、外資の力を借りることによって国際的な競争力を高めていくことができるという考えのもとに、この政策が推進されました。

その結果、シンガポールの国民1人当たりの公園の面積は東京の約2倍です。オーチャードなどシティエリアの中心地でも至るところに木が植えられていて緑がたくさんあります。また、ボタニックガーデン（シンガポール植物園）は2015年にシンガポール初の世界遺産に登録されました。高層ビルが建ち並ぶシティエリアのすぐ側にある82ヘクタールもの敷地面積を持つ庭園植物園です。

私もこの公園は大好きでよく行くのですが、敷地内に子供用の公園やおしゃれなレストランやお土産《みやげ》物屋さんもあり、住人が週末に子連れで行くにも外国人が観光で訪れるのにもおすすめです。敷地内にある蘭の庭園は世界最大規模で約6万本の蘭を楽しむことができます。

緑があると、グリーンカーテンの効果で涼しくなります。熱帯だと暑くて働く気が失《う》せてしまいますが、勤勉な国なので、そうさせないための政策なのです。室内は冷房が完備されており、20度くらいに設定されていることが多く、オフィスやショッピングモールやホテルなどは長袖でないと寒いくらいです。ニットのカーディガンを持ち歩き、室内と外との気温を洋服で調整するしかありません。

日中の炎天下でも木陰にすぐに入ることができるので直射日光を避けることができます。これに対して東京は緑が少ないので、日傘がないと直射日光を直《じか》に浴びることになってしまいます。真夏の東京に一時帰国をした時、シンガポールでの生活以上に日焼けをして帰ってきてしまったことを覚えています。シンガポールでは毎日のことなので日焼け止めをほとんど塗りませんが、それほど日焼けをしません。

また、木が多いと雨宿りをすることもできます。私はシンガポールでは折りたたみ傘を持ち歩きません。少々の雨なら木が屋根代わりになって、ぬれずに済むからです。外国人は多少の雨なら全く気にしないので、雨が降っていても傘も差さずに普通に歩いています。

スコールの場合はどうしようもないので1時間程度雨宿りをするか、急いでいる時はタクシーで帰ります。隣接したモールがつながっていたり、モールのタクシースタンドから集合住宅の車寄せまで屋根が付いていたりすることが多いので、雨が降っても全くぬれずに済むことが多いのです。

このように、シンガポールはどんな天候でも比較的快適に人々が行動できるようなしくみができています（国土が狭いということもありますが）。また、公園などの市民の憩いの場にもおしゃれなレストランやショップが併設されているので商売も上手いです。

日本の都市部も公園は充実していますし、中規模の公園も多いとは思います。ですが、海外の観光客の呼び込みや魅力的な商業施設の設置などには改善の余地が十分にあるように思います。

風水設計で「気の流れ」も完璧

中華系の多いシンガポールでは風水をもとに設計された建物や場所がたくさんあります。風水は古代中国がルーツで、都市、住居、建物、墓などの位置の吉凶禍福を決定するために用いられており、気の流れを物の位置で制御する思想です。

風水では水はお金を表すようで、何よりもお金を大切にするシンガポールでは、至るところで巨大な噴水を見ることができます。例えば、シンガポールで一番大きいショッピングセンターのサンテック・シティーモールにある富の噴水は、手の平の上の黄金の指輪に見立てています。周りにある5つの塔を手の指と見なしているのです。また、マリーナベイサンズのザ・ショップスではモール内に運河があり、ゴンドラに乗ることができるのですが、決まった時間帯になると、大量の水が天井から円形のプールに流れ落ちてきます。大量のお金を呼び留めるというのに見立てているのでしょう。その他にも、ガーデンズバイザベイのクラウドフォレスト内にある約35メートルもの人工の滝、マーライオン（口から水を噴いている）など水を取り入れたものが非常に多いのです。

「この国は何よりもお金が大切なのね」と、日本人としては若干引いてしまうところもありますが、風水設計されている建築物を探してみるのもシンガポール散策の楽しさを増してくれるかもしれません。

その他にも縁起のよい数字が用いられていることが多いのです。特に好まれる数字は2と8や28などで、2はペアを意味して幸運を呼び、8は無限を表すことから富を象徴します。例えば、日本を代表する建築家の黒川紀章《きしょう》が設計したアジア最大の観覧車シンガポールフライヤーのカプセルの数は28個です。同じく黒川紀章が設計したリパブリックプラザの高さは280メートル、丹下健三がデザインしたUOBプラザもほぼ同じ高さです。また、八角形も好まれ、シンガポールの1ドルコインを代表とし、高層ビルの平面や窓の形などでも用いられることも多いです。中華系が設計を依頼する場合は、風水コンサルタントを付けることも多いのです。

例えば、気の流れが悪いとして一等地なのに空き地になっていた場所があるのですが、その気をはね飛ばすための鏡を持った銅像が埋め込まれたビルもあるほどなのです。

ここまで大胆で分かりやすい風水設計ができるのも、国土の約6割が国有地で土地が限られているのでなせる技です。日本のように私有地が多いと、ここまで徹底的に行うことは難しいのかもしれません。

犯罪がおこらないしくみ

シンガポールの治安のよさは日本以上だと感じます。街中ではシャネルなど目立ったブランドのバッグを身につけている人も多いですが、ひったくりなども少ないですし、子供も目の届く範囲のところであれば、安心して遊ばせることもできます。

対人口比犯罪件数は586件（2015年）、日本の刑法犯の発生率1580・5（2012年）と比べても低いのです。

日雇いの出稼ぎ労働者を含む外国人労働者が多い中、治安が保たれているのは、罰則が厳しいからです。日本では犯罪ではない行為でも、シンガポールでは犯罪とされている行為が多数あるので、旅行で来た際にも注意をする必要があります。チューインガム（保健科学庁が承認したものを除く）の持ち込み禁止は有名ですが、その他にも地下鉄内での飲食、たんやつばの吐き捨て、タバコやゴミの投げ捨て、禁煙区域で喫煙、鳥へのエサやり、水洗トイレの水を流さないなどが代表的な事例です。これらの行為を行うと、高額な罰金を科される可能性があります。監視カメラも至るところにあるので、誰も見ていないからと思っていても、後から通報されて逮捕されるリスクもあります。

また、死刑やむち打ちなどの厳しい処罰があるのも有名です。例えば、一定量以上の違法薬物をシンガポールに持ち込んだ場合は死刑、公共物に対して落書きをしてむち打ち刑になった外国人も過去にいます。誘拐罪の最高刑は死刑、または終身刑及びむち打ち刑という強力な罰があるので、子供が誘拐されるリスクも低いのです。シンガポールでは16歳以上は、成人と同様の刑事手続きになり、基本的に特別扱いはされません。日本では新聞に載らないような小さな事件でも実名で顔写真付きで新聞報道されることもあります。

これほどまで厳しい罰があるので、治安は守られているのですが、反対に自分もルールを知らなかったでは済まされないので、疑われないよう十分に注意をする必要があります。

また、治安は日本以上によくても、落とし物などはまず出てきません。特にタクシーの中の忘れ物です。よい運転手さんなら後から届けてくれることもありますが、その分の料金を請求されることもあります。また、集合住宅の共用スペースやモールなどでの忘れ物や落とし物などもほとんど出てきません。清掃の人がすぐに捨ててしまうことが多いからです。彼らは月収9万円程度の低賃金で働いているため、落とし物とゴミの分別までしていては、割に合わないのです。

タバコは1箱1000円

シンガポールへの渡航歴がある方はご存じの通り、喫煙者にとっては非常につらい国です。喫煙禁止の表示があちこちにあり、禁止エリアで喫煙をしようものなら、白い目で見られ、罰金（約8万円以下）を取られるリスクがあります。基本的には地下鉄内や屋根のある室内では全面禁止で、ショッピングセンターなどの屋外でも入り口から5メートル以内は禁煙の場所も多いのです。

とはいえ、タバコは全く吸ってはいけないわけではなく、街のあちこちに喫煙スペースがあるので、その場所で喫煙をすれば安全です。また、タバコの投げ捨てに関しても初犯は約8万円以下、2回目は約16万円以下など厳しい罰金などが科される可能性があります。

禁止マークがあちこちにあるので、タバコを吸わない人にとっては過ごしやすい国ではあり、カフェやレストランやホテルでも煙たい思いをしたこともなく、美味《おい》しく食事を楽しむことはできています。煙たい思いをするのは喫煙エリアの付近を通行しなければならない時くらいで、歩きタバコをしているマナーの悪い人もあまり見かけません。日本でも厚生労働省が受動喫煙防止法案を発表しました。その法案では新規開業や大手チェーン店の店舗では喫煙を認めませんが、既存の小さな店舗では喫煙可となり、多くの飲食店で喫煙可能という状態になってしまいそうです。オリンピックを迎え、世界中から煙たい目で見られるかもしれません。

また、シンガポールでは「タバコ」は1箱1000円程度と、非常に高額です。2017年8月からタバコ製品は店舗内での陳列が禁止されました。これは政府による国民の健康増進を図る施策の一環としてなされた喫煙抑制政策です。タバコの値段を高くし、目に見えないところに置くなどをして衝動買いを阻害しようとしています。シンガポールの喫煙率は1992年の18・3％から2013年に13・3％までに減少しました。しかし、その後は横ばいで推移をしたために陳列禁止という新たな施策が取られたのです。

タバコは日本から持ち込む場合にも申告が必要で、1本から課税対象になります。空港などの税関で申告対象品を所持していない場合に通過する「グリーン・チャンネル」（緑の通関路）に進み、手荷物をチェックされて所持が発覚し、多額の罰金（最高約40万円）を徴収される例が増えているようです。

電子タバコについても、シンガポールでは輸入・販売が禁止されており、所持も罰金の対象になります。「郷に入《い》っては郷に従え」で、知らなかったなどの弁解は通用しないために、喫煙者がシンガポールに渡航する際には十分に注意をする必要があります。

政府が蚊の駆除に精力をそそぐ

日本の夏には蚊がつきものというくらい、日本ではよく蚊にさされましたが、シンガポールでは蚊にさされることはあまりありません。

それは政府が蚊の駆除に精力をそそいでいるためです。集合住宅では週1回など定期的に蚊の除去のための薬を撒きます。

マスクをした作業員が機械で殺虫剤を撒くために、真っ白な煙が立ち込めて強烈なにおいがします。作業中は子供を作業現場の近くに行かせないようにする必要はありますが、緑豊かで木がたくさんあるのにもかかわらず、集合住宅の敷地内に蚊はそれほどいません。日本では庭で植物を育てようものなら蚊が大量に発生してしまいがちです。

また、各家庭に対する厳しい罰則もあり、蚊の発生を防止する行為を怠ると、初犯の場合は約80万円以下の罰金が科される可能性があります。政府の職員が抜き打ちの家庭訪問を行い、家庭内に水たまりがないかを確認しに来ます。植木鉢に水がたまっていたり、エアコンの水漏れや雨水がたまっていたりすると、罰を受ける可能性があります。

日本でも、東京の代々木公園でデング熱感染者が出た時はニュースになりましたが、東南アジアでは蚊にさされると、ジカ熱、デング熱、日本脳炎などにかかるリスクがあります。また、肝炎などにかかるリスクも日本と比べると高くなります。我が家も渡航前に日本脳炎とA型・B型肝炎の予防接種を子供に受けさせました。政府は予防接種に対しても監督が厳しく、子供が予防接種を受けているかの確認の手紙が政府から来て、予防接種の履歴をメールなどで送り返さなければなりませんでした。

病気などを媒介する可能性がある蚊やハエなどは、東南アジアではできるだけ接触しないほうがよいのです。また、カタツムリなど寄生虫を持った危険な生物も身近にいます。ローカルの友人はハエがとまった食べ物はすぐに捨てるくらいハエを恐れていました。

シンガポールでもジカ熱が発生しましたが、政府が迅速な対応をし、さらに蚊の駆除に全力を上げ、広がりを防止させました。政府のサイトでもジカ熱が発生しているエリアや対処法を確認することができたので、政府に対する信頼を持つことができました。

中華系が多いのにトイレが綺麗

シンガポールの街は、東南アジアの中では突出して美しいのは有名です。道にはゴミ一つ落ちていないとまではいかないですが、施設や道路の清掃も行き届いています。清掃の仕事に就いている高齢者や外国人労働者も非常に多く、商業施設内のトイレも他の東南アジアと比べると圧倒的に綺麗なので、日本にいる時とそれほど変わらない感覚で利用できます。2000年頃に香港に旅行に行った時、綺麗なトイレを探すのに非常に困りました。無料のトイレには行列ができていて、列の途中でズボンを脱ぎ始める中華系の人もいてショックを受けたことを鮮明に覚えています。高級ホテルなら大丈夫だろうと思ったら、有料でお金を取られてしまいました。今でも香港のトイレ事情は劇的には変わっていないようです。これに比べると、シンガポールでは街の至るところに無料の衛生的なトイレがあるので、安心して旅行を楽しむことができます。

シンガポールは中華系移民が7割以上の国です。マナーが悪いというイメージのある中華系の移民が多い国なのに、なぜこれほどまで街は美しいのでしょうか。リー・クアンユーによって推し進められた緑化政策も、国民が街でたんやつばを吐いていたのを見て思いついたという俗説もあります。こんな俗説もあるくらいなので、以前は現在ほど美しくなかったことが推測されます。

「水洗トイレで水を流さない」行為に対して初犯約8万円以下（2回目は約16万円以下、3回目は約40万円以下）の罰金など厳しい罰があります。

これに対して日本は罰もないのに公共のトイレなど街全体が綺麗です。外国人からしたら信じられないことでしょう。ゴミは持ち帰る、ゴミの種類を分けて出す、公共の場所は綺麗に使うなど日本では当たり前のことが海外では罰則などがないとできないことなのです。私はアメリカ、ヨーロッパ、東南アジアなど10ヵ国以上旅をしたことがありますが、日本ほどトイレが綺麗な国は、なかなかないと確信しています。シンガポールはもちろん東南アジアの中では別格に綺麗な国ですが、日本は最高に美しく倫理観の高い国だと確信しています。

アルコールは度数で税額アップ

シンガポールでは22時半から翌朝7時までは、アルコール飲料をコンビニなどで買うことができず、公共の場で禁止時間帯に飲酒をして約8万円の罰金をとられた男性も実名顔写真付きで報道されたくらい飲酒には厳しい国です。飲酒が原因で起きた暴動や殺傷事件のうちの大部分が22時半以降に発生したというデータから、思い切ってこの施策に踏み出したようです。

また、飲酒できる時間内でも公共の場所でお酒を飲み過ぎ、自分の世話ができない状態になったら約8万円以下の罰金（再犯の場合は約16万円以下）があります。

また、アルコール飲料の税金が高く、アルコール度数に応じて税額が高くなるしくみです。例えば、ビールはそれほど高くなりませんが（地元メーカーの缶ビールならスーパーで300円程度）、日本酒や焼酎、ウイスキーなどのアルコール度数が高い酒類は、日本と比べて割高になることがほとんどです。外食の場合は、サービスチャージ10%、消費税7%の合計17・7%が上乗せされた料金がかかるので更に高額になります。グラスワイン1杯で1000円超えということはざらにあります。一度、値段を聞かずにオーダーしたシャンパンが1杯4000円ということがあり、目玉が飛び出るかと思ったこともありました。

こんなに酒代が高いと思うように飲めないのではないかと思われるかもしれません。しかし、日本と同じように飲み放題やハッピーアワーを利用するとおトクにお酒を楽しむことができます。なかでも、5つ星ホテルが行っているプロモーションは質も高く、おトク度が非常に高いです。例えば、マリーナベイサンズなどが一望できるホテルのバーでは、水曜日の

20時から1時間限定で女性客には一部のカクテルを無料で提供しています。シャンパンが飲み放題メニューに含まれることも多いので、よいお酒をお値打ち価格で楽しむことができるのです。

カジノ依存症にならないしくみ

２０１１年、大王製紙創業家３代目が総額１０６億８０００万円をカジノに注ぎ込み、会社から不正に借り入れをして刑罰を下された騒動がありました。井川意高《いかわもとたか》氏の著書『熔ける　大王製紙前会長　井川意高の懺悔録』（双葉社）によると、マカオでのギャンブルの負けを取り返すために、最大の賭け額が約３９００万円と、より大きいシンガポールにゲームの場所を移したのです。そして、マリーナベイサンズで2日間の死闘の末、20億円を熔かしてしまったのです。

マカオのカジノはジャンケット制で仲介業者がすべて手配をしてくれ、井川氏の場合は往復のビジネス航空券、ロールス・ロイスでの送迎、スイートルームへの宿泊費なども無料、金利ゼロで借金の融通までしてくれました。マカオやシンガポールのカジノはＶＩＰ客、特に中国系の富裕層からの売り上げに依存しており、小口のギャンブラーによる収益だけでは黒字にはならないようです。そのため、上顧客の取り合い競争が行われています。ローリングバック（賭け額から一定の割合をキャッシュバックする）のしくみもあり、スッカラカンになって国に帰れなくなることも防いでいます。

アジアでは韓国、マカオ、シンガポールが熾烈なカジノ競争を繰り広げており、後から参入する日本はどのようにしてこの中に食い込んでいくのかが注目されます。そんな中、シンガポールのビジネスモデルは参考になります。

シンガポールのカジノは2つで、ラスベガス・サンズ社が運営するマリーナベイサンズとマレーシアのゲンティン・グループが運営するリゾート・ワールド・セントーサです。いずれもカジノ施設を中心としたＩＲ（統合型リゾート）で、ホテル、レストラン、ショッピングセンターなどのレジャー、コンサートホール、劇場、博物館、シアターなどのエンターテイメント、会議場や展示場などのビジネスなど様々な商業機能を持つ観光施設になります。

旅行客に宿泊をしてもらいカジノで勝ったお金をショッピングやグルメなどで落としていってもらえるような構造になっており、カジノの収益にだけ依存するより、経営は安定します。

例えば「マリーナベイサンズホテルに泊まってみたい。屋上のプールに入ってみたい」という観光客も多いですが、３つのビルの上に船が置かれているホテルはインパクトが大きく、ショッピングモールには欧米を中心とした高級ブランドが勢揃いして、そこですべてが完結するので非常に便利で中華系からの人気が高いです。

マリーナベイサンズのカジノに行ったことがありますが、外国人は入場料も無料でローカルフードが無料で食べられるので観光の際に見学に行くのも楽しいかもしれません。リゾート・ワールド・セントーサホテルにはユニバーサルスタジオシンガポールや水族館もあって、家族連れでリゾートを満喫することもできます。

シンガポールを訪れる海外旅行客からの収入に関しても、買い物、飲食、宿泊などは好調ですが、カジノは２０１５年以降、四半期ベースで減収になる期も目立ち、厳しい舵取りとなっています。

今後、アジアにカジノ施設が増えれば増えるほど上客の奪い合いは熾烈になります。日本はＶＩＰ客の接待や海外旅行者からお金を取り立てるといった作業には慣れていません。そこで、カジノメインにするというより、総合型エンターテイメント施設をいかに充実させるかが重要になるのではないでしょうか。

国民がギャンブル依存症になったらどうなるのかといった声も根強くありますが、シンガポールでも同じ懸念があり、政府は長年の間カジノ建設を見送っていました。しかし、カジノを建設しないと他の国にお金が流れるということで、政府の厳しい監視の下にカジノが運営されることになりました。

カジノの中には至るところに監視カメラが取り付けられており、不正が行われていないか常に監視されています。また、国民からは高額な入場料を取るようにしています。一日の入場料は約８０００円、年パスは約16万円です。カジノ入場禁止・制限プログラムが設けられており、ギャンブル依存症などギャンブルに起因する害によるリスクを負いたくない人が自ら申請することによりカジノへの入場を禁止もしくは入場回数を制限、家族による禁止・制限、自己破産者や生活保護受給者、カジノの得意客で金銭問題を抱える者などに対して法律で自動的にカジノ入場を禁止、制限するものです。

カジノ内での国民への信用貸しは禁止されています。その他、カジノ施設内への銀行ATMの設置の禁止や損失限度額の自己申請による事前設定などもあります。

年パスがあると依存症になると思われるかもしれませんが、高額なので一定以上の収入の人に限られ、保有している人はごく一部になります。

日本でも国民のギャンブルを制限するために政府は日本人ら（日本人と外国人の国内居住

者）の入場回数を週3回、月9〜11回までに制限する方向で検討に入っていますが、シンガポールの規制と比べると回数制限だけでは不十分ではないかと感じます。自己破産者や生活保護受給者へのカジノ入場禁止・制限プログラムなどは必須ではないのでしょうか。損失限度額の自己申請による事前設定なども必要でしょう。シンガポールのように入場料を８００0円程度取れば、生活にゆとりのない人をギャンブルから遠ざけることも可能になります。

汚職が起こらないしくみ

世界一幸せな国はどこか？　様々な情報機関が世界幸福度ランキングを発表しています。国際連合「世界幸福度報告書」（２０１７年）によると、アジアトップはシンガポール（26位）で続いてタイ（32位）、台湾（33位）、マレーシア（42位）となり、日本（51位）はアジアで5位となりました。

幸福度は1人当たりのＧＤＰ、健康寿命、社会的支援、生き方の自由度、他者への寛容さ、腐敗認識度の各指標から算出されています。シンガポールも日本も経済力や健康寿命や社会的支援などの評価が高いのですが、「他者への寛容さ」「腐敗認識度」がシンガポールのほうが高く評価されています。タイなどの他の東南アジアの多くは汚職や腐敗行為が多いですが、シンガポール政府はそのようなことが起こらないしくみを作っています。

具体的には、官僚に高給待遇を与えるということを実践しています。汚職や腐敗行為の原因の多くは低い給料にあることが多いからです。シンガポールの官僚は役職にもよりますが、30代前半でも年収1000万円以上をもらうことができますし、子育て後の職場復帰のしやすさなど条件面もよいです。平均的なシンガポーリアンの月収が35万円程度なので官僚の給料は高いと言えるでしょう。管理職など役職によっては年収2000万円以上ということもあります。

また、官僚になることは誇らしく一番の出世だという認識が国民全体にあるのも大きく、高収入の上に国民から尊敬のまなざしで見られれば、腐敗行為も起こりにくいのでしょう。

日本の官僚は優秀な方が多いのにもかかわらず、シンガポールと比べると給料や社会的な権威は低いのが現状です。景気が悪い時はキャリア官僚を志願する若い人が増えますが、景気が良くなり民間の給料が上がると志願者は減ります。「腐敗認識度」に関して日本の評価はシンガポールよりも低いので、優秀な官僚の待遇の改善が必要だと感じます。

「寛容社会」シンガポール

「他者への寛容さ」に関してもシンガポールは評価が高く、日本は低いです。NHKスペシャルで「不寛容社会」というテーマで放送がされました。番組が実施したアンケート調査でも約半数の人が「他人の過ちや欠点を許さない不寛容な社会だ」「自分と意見や立場が異なる人を認めない不寛容な社会だ」「ほかの人種や民族に対する差別がある」という回答をしています。また、過半数の人が「心にゆとりを持ちにくい社会だ」「いらいらすることが多い」「自分のことばかり考えている人が多い」と回答しています。

約1年ぶりに子供を連れて一時帰国をした時のこと。シンガポールにいる時と同じ感覚でいたらとんでもない目に遭いました。中華系の国は周りの雑音がうるさく、移動中や食事中に子供が騒がないように動画を見せていても音漏れなどで指摘を受けたことは一度もありませんでした。しかし、日本は周りも静かな上に小さな音漏れや子供の声に対しても嫌悪感を示す人が多いのです。電車の中やホテルのレストラン内で、子連れに対しての視線や圧力が痛く、耐えられなくなりました。席を譲ってもらえなくてもいい、荷物など助けてもらえなくてもよいので、シンガポールの人達のように温かい目で見守ってくれたらよいのにと感じました。

「心にゆとりを持ちにくい」という問題は、多かれ少なかれ他の国も抱えているとは思いますが、日本はより深刻な問題になっています。これはなぜでしょう。日本は村社会で、全会一致や空気を読んで暗黙の了解を得るといったことが多く、活発に色んな意見を出し合い、異なる意見をぶつけ合うという習慣がありません。私自身も子供が生まれる前は友達のベビーカーを持ち上げるのを手伝う程度だったので、これほどまで子連れの外出がストレスを伴うものだとは想像をすることができませんでした。

他者を認めながらつきあう人々

これに対して、シンガポールは開かれた社会で、多人種、多文化、多宗教なので異なる考え方に触れる機会も多いのです。子供の通うインターナショナルスクール（インター校）で母親向けのクラスを受講した時、ＮＨＫの「白熱教室」という番組のように活発な議論を受講生である母親達も講師達も行い、日本人だけがだまっているという印象でした。言語の問題もありますが、自由に発言をすることに慣れていないからでしょう。

また、インター校では教員志望の高校生が3歳の子供達のクラスを、バレエの教室でも中学生が3歳児クラスを手伝う機会もあって、若い人も子供に触れる機会が多いと感じます。

アメリカ人には、初対面の場合、白い歯を見せてほほえみかけ、「私はあなたに敵意を抱いていません」という行動が必要とも言われますが、シンガポールでも笑顔で挨拶を交わしたり、別れ際にハグをしたりして親しみを表す習慣があります。

シンガポールには中華系、マレー系、インド系に加えて、世界各国からの外国人労働者が集まります。この中で一つの民族を攻撃するような発言をすることは許されません。

また、シンガポールでは政府を批判するような言動は禁止されており、SNSで政府の批判や虚偽の内容を掲載したサイトが閉鎖に追い込まれ、運営者が逮捕されるということもありました。報道や言論の自由の侵害という意見もありますが、小さな国なので行き過ぎに対して規制を行うというのも必要になるのでしょう。

日本人は完璧主義過ぎて他人に対しても同じレベルを求めてしまうところがあります。しかし、世界には色んな人種や民族、考え方、状況の異なる人がおり、自分が求めるレベルや同じ考え方を相手に押しつけることなどは不可能です。

シンガポールに来たばかりの頃、住宅の修理業者を待っていたのですが、連絡を入れない、時間通りに来ない、言った通りに直してくれないなどトラブル続きでした。また、清掃の人は忘れ物や落とし物も区別せずに捨ててしまいます。しかし、彼らが月収９万円程度で働いている状況を想像すると、頭ごなしに怒ることはできなくなってしまいました。

また、外国人の友達は自分のスケジュールを優先させて日本人のように調整をしてくれたりはしませんし、当日の気分でドタキャンをすることもよくあります。

食事もベジタリアンやハラルでないといけない人もいますが、それぞれの文化や習慣を認め合いながらつきあっています。

日本にいた時と同じようにはいきませんが、それでも問題なく生活はできているので、それらは小さな問題でいちいち気にする必要はないと思うようになりました。

お金を使って富を得る

他者への寛容さは寄付の多さでも評価をされます。

シンガポールでは学校などへの寄付も多く、校舎の建物の多くが寄付で建てられている学校も目立ちます。インター校では母親がホストになって学校で、「中秋の名月」など様々な国の行事のクラスパーティが行われます。その際、主催者がパーティにかかった食べ物代などを寄付するという方法が一般的で、割り勘文化で育った私は非常に驚かされました。約30人分のフルーツを持っていく係をしたことがありますが、5000円程度のお金を負担する上に当日の準備もするといった形です。

また、バレエの発表会でも我が子は3歳で外国人だったので衣装代実費の8000円の負担のみだったのですが、1人の人が全員の食事代など16万円程度寄付をし、その他数人が10万円程度寄付をしていたようでした。当日の準備もお金を払った一部の人が全部やってくれるので、その他の親は全く何もしなくてよかったのです。全員で均等に参加費を割り、役割分担をする日本の文化と違って驚かされました。海外では、子供の舞台での出番や家庭の経済事情に応じて払える人が払うという方法がフェアだという考え方なのです。日本でいう平等とはかなり考え方が異なるのです。

日本で生まれ育つと学校や家庭で慈善活動をする機会が少ないですが、欧米では当たり前の文化です。シンガポールには欧米人が多く住み、イギリス統治時代が長かった国なのでイギリス文化も混ざっています。幸福度19位のイギリスも他者への寛容さは高く評価されていますが、欧米文化から来ているのでしょう。英国紳士という言葉もありますが、街でベビーカーを押しているとドアを開けてくれたり、ベビーカーを持ち上げるのを手伝ってくれたりする人も多く、彼らは小さい頃から親や教師から刷り込まれるので反射のように身体が動くようです。

シンガポールでは生活の中でも贈答をする機会が多くあります。「教師の日」「クリスマス」や教員の誕生日などには教師にも日頃からの感謝の意をこめて贈答をしたりします。また、旧正月にお年玉のような紅袋（レッドポケット。シンガポールではアンパオと言われる）というお金を配る文化があり、親族以外にも会社関係者、運転手や家事労働者などの使用人、集合住宅の清掃員や警備員などにもお金を贈ります。使用人が多い人だと総額50万円以上にもなるようです。受け取る側も期待しているのでたとえ日本人やインド人でも渡さざるを得ないのです。ショップ店員などのたまに会う人にもあげることが多く、彼らも慣れているので遠慮なく受け取ります。紅袋は中華系の文化で、その影響を受けた国では見られるもので、ベトナムや香港でも行われています。使用人や警備員は月収9万円以下で働いているのに対して、雇用主は10倍以上の収入を得ている場合が多いので、新年などの機会に再配分をするのがフェアだという考え方なのでしょう。

シンガポールなど中華系の国では、お金を使って、経済をぐるぐる回す文化になっています。親族でお金に困った人がいると一族で助けます。日頃から奢《おご》っていると自分が苦しくなった時は、逆に色んな人から助けてもらえる効果は期待できます。また、紅袋を出すことで使用人に日頃の仕事に励んでもらう効果があります。

友人関係もいったん仲が深まると家族のようなつきあいになり助け合います。その場にいる全員の分の食事を誰かがまとめて用意をするなど若干めんどうくさくはありますが、面倒見が良い人がたくさん準備してくれます。引き締めるところがないと破産しそうですが、中華系は友達以外の人は冷遇する冷たさもあります。メリットを与えられ続ける人間でないと冷遇をされかねないので人間関係に緊張感もあります。

中華系の人づきあいは極端ですが、日本でも幼少期から「貯める」だけではなく、「使う」「寄付をする」も学んでいかないといけないと強く感じます。

寄付をすることによって、将来自分や子供達に戻ってきます。また、このお金がどのように使われるのかといった想像力も働くようになります。

日本の「他者への寛容さ」が少ないというのも、他者という立場に立った想像力の問題もあると思います。日本の教育システムの問題も大きいので一方的な講義だけではなく、様々な意見をぶつけ合うディスカッション形式なども取り入れていって欲しいと思います。

また、留学経験などを経て異文化を体験することも必要になるのではないでしょうか。

外国人家事労働者を上手に使う

シンガポールでは、欧米人や中華系の子供達の手を引いているフィリピン人女性の姿をよく見かけます。「ヘルパー」「メイド」などと呼ばれる外国人家事労働者の数は約24万人で、その多くはフィリピンやインドネシアやミャンマー出身です。

私が住んでいる集合住宅にも外国人家事労働者がたくさんいて、掃除などの家事や子供の世話（子供をプールで遊ばせたり、学校や習い事への送迎をしたりなど）をしています。

日本で未就学児の世話をお願いするとなると、保育所に預けに行くスタイルが一般的ですが、シンガポールでは住み込みの外国人家事労働者を雇い、自宅で家事や育児の多くをお願いするスタイルが主流です。料金は出身や人にもよりますが、月額5万円前後の給料の他に、国に支払うメイド税や食費・医療費などを含めると月10万円前後になります。

また、契約の際にエージェントに支払う費用、保険料や飛行機代など初期費用として30万円前後かかります。さらに使用人が逃亡をしたり、妊娠をしたりして本国へ送還できないような状況になった場合は、罰金を国に支払う必要があります。

許可なしに使用人を雇うこともルール違反です。ルール違反の罰金は数十万円から数百万円と高額です。メイドを使用する恩恵も大きいですが、雇い主としての責任も重大になるのです。日本でも芸能人が雇ったベビーシッターが自宅から物を盗んだというニュースもありましたが、物がなくなるなどのトラブルもよく聞きます。貴重品をしまう部屋には鍵をかける、財布や高級品などは目につくところに置かないなどの工夫も必要でしょう。

3畳程度の使用人部屋が付いている物件も探せるのですが、それでも他人が常時家にいるのが気になるという人は、パートタイマーの掃除の方に来てもらいます。例えば、3時間で5000円前後など日本と比べると安価です。数回お願いをしたことがありますが、バス・トイレやキッチンやリビングルームを中心に拭き掃除などを綺麗にやってくれました。人によってはアイロンなどもお願いできます。窓拭きは内側からはやってもらえますが、外側は転落事故が多発したのでお願いできません（集合住宅によっては専門の業者が外から窓を拭いています）。

パートタイマーのベビーシッターや掃除の人にサービスをお願いする場合、シンガポーリアンにお願いをすればビザの問題もありません。知り合いが雇っている外国人家事労働者を少しの間借りるというのはルール違反になります。

このように、家事労働者市場が整っているシンガポールですが、実際に日本人の家庭で外国人家事労働者を使用している家庭は少ないです。日本人は使用人を使うのに不慣れだからでしょう。富裕層のインド系や欧米系などは使用人の使い方が上手く、彼らの能力のめいっぱいまで使うのですが、能力を超えたことはさせようとはしません。例えば、料理が苦手な人には掃除だけをさせるなどです。場合によっては複数の使用人を使い分けている家庭もあります。使用人へのリクエストは、毎日のルーチン以外は、その都度口頭で細かくリクエストをしています。「言わなくても理解して」というのは通用しないようです。

日本で外国人家事労働者を雇えるのは、在日大使館職員や一部の企業の外国人駐在員などでしたが、法改正があり、東京都、大阪府、神奈川県などの国家戦略特区で外国人家事労働者の受け入れが解禁しました。日本の場合は直接契約ではなく、ポピンズやダスキンなどの家事支援サービス提供業者を通じてサービスを受ける形になるので、利用者の料金負担が大きくなります。

とはいえ、日本人以外にも家事をお願いできるようになるので、サービス料金も下がることが期待されますし、英語など外国語に触れる機会も増えることになりそうです。もっとこのサービスが普及していけば料金は下がっていくでしょうし、今後の進展に期待ができそうです。

第三章　「世界基準」の人をつくる教育

学力は世界一

英国の教育専門誌が2017年9月に発表した「世界大学ランキング」によると、シンガポール国立大学は全世界の大学の中で22位とアジア首位に位置しており、日本の最高峰である東京大学（46位）より高い順位にランキングされています。

15歳の生徒を対象にした国際学力テスト（PISA　2015年）では、「科学的リテラシー」「読解力」「数学的リテラシー」の3分野で世界首位と、シンガポールの学力は驚異的に高いのです。日本は「科学的リテラシー」2位、「読解力」8位、「数学的リテラシー」5位でした。

なぜこれほどにまで学力が高いかというと、国家予算の約2割も教育に投じている（日本は5・5%）うえに、各家庭（特に上流階級）でも子供への教育投資が大きいからです。

中華系の人々には、倹約をして、次世代のために惜しみなく投資をするという考え方があります。「明晰な頭脳さえ手に入れることができれば、お金は後から作ることができる」という考え方なのです。シンガポールの初代首相のリー・クアンユーも、「シンガポールの最大の強みは人材」と考えており、教育のゴールは国を作る指導者や管理職の確保で、早期か

国際学力テスト　シンガポールは世界首位（2015年）

	科学的リテラシー	平均得点	読解力	平均得点	数学的リテラシー	平均得点
1位	シンガポール	556	シンガポール	535	シンガポール	564
2位	日本	538	香港	527	香港	548
3位	エストニア	534	カナダ	527	マカオ	544
4位	台湾	532	フィンランド	526	台湾	542
5位	フィンランド	531	アイルランド	521	日本	532
6位	マカオ	529	エストニア	519	北京・上海・江蘇・広東	531
7位	カナダ	528	韓国	517	韓国	524
8位	ベトナム	525	日本	516	スイス	521
9位	香港	523	ノルウェー	513	エストニア	520
10位	北京・上海・江蘇・広東	518	ニュージーランド	509	カナダ	516
11位	韓国	516	ドイツ	509	オランダ	512
12位	ニュージーランド	513	マカオ	509	デンマーク	511
13位	スロベニア	513	ポーランド	506	フィンランド	511
14位	オーストラリア	510	スロベニア	505	スロベニア	510
15位	イギリス	509	オランダ	503	ベルギー	507
	OECD平均	493	OECD平均	493	OECD平均	490

出典：PISA2015年「全参加国・地域（72ヵ国・地域）における比較」

ら成績別で生徒を選別してコースを分けています。

成績不振者の見切りが早い

シンガポールの教育制度は、小学校（6年）、中学（4年）、高校（ジュニア・カレッジ2年）、大学（4年）で、小学校が義務教育です。小学校修了時に小学校卒業試験（PSLE）があり、成績順に中学校が振り分けられます。

成績上位者はリー・クアンユーが卒業をしたラッフルズやホワチョンなど名門校に進学ができます。日本でいうと開成や灘《なだ》のような学校というイメージです。

中学校でも卒業試験を受け、成績がふるわないと高校進学の道が閉ざされます。高校でも卒業試験があり、成績で進める大学や学部が決まります。

大学進学率は3割程度（日本は6割弱）で限られた人しか行くことができません。シンガポールは大学の数が少なく、飛び抜けて優秀な学生は欧米の有名大に行き、それ以外の成績上位者が国立大学に行き、その他はオーストラリアなど周辺国の大学に行くか大学に進学しない道となります。

小学校から何度も選別試験にさらされ、成績が不振だと技術コースに進んで就職という道になります。なぜこれほどまで能力別に区別するのかというと、独立間もなく余裕がなかった時期からの名残です。

リー・クアンユーの考え方に「人間は才能ある者とない者に分かれ、政府の仕事はそれを早く見極めることにある」というものがあり、成績の悪い者にこれ以上の教育は無駄とされ、効率が重要視されています。

その代わりに、優秀な者に対しては手厚いサポートがあります。高校卒業試験で優秀な生徒には国家奨学金を与え、卒業後最低でも数年間は官僚になるという条件で国内や海外の大学資金を受給することができるのです。

このように、子供の学力が高ければ大学費用も無償になる可能性がある上に、社会的地位の高い官僚やグローバル企業の管理職になることができるために、シンガポーリアンの一大関心事は子供への教育になってきます。

その後の進路に向けて、環境のよい小学校に入れる努力をしたり（学校の側《そば》に住むなど）、その前の幼稚園から環境のよいスクールを選ぶのに躍起になっている家庭が多いのです。

「人間は才能ある者とない者に分かれる」と言われても、誰もが我が子には才能があると信じて止《や》みません。富裕層の間では親が介入できる機会が多い未就学児への投資が過熱しています。幼児教室に通わせたり、習い事を複数させたり、学校が休みの間はホリデープログラムに参加させてプログラミングを学ばせるなどです。

ただし、日本のように誰でも（特に強い目的もなく）大学に行くというわけではなく、勉強ができないと分かったら技術コースや起業など別の道を選択します。

日本では大学の奨学金親子破産の件数が増えています。優秀であれば返済不要で給付型の奨学金を選び、そうでない場合はシンガポールのように手に職、あるいは起業コースを目指すのも一つなのかもしれません。

早期教育に熱心な親たち

競争の原理も大いに働いてシンガポールの学力は非常に高いのです。筆者は三重県出身なので東京の教育熱心さにも感心しますが、シンガポールは東京以上に教育熱心です。シンガポーリアンの友人とチャットや会話をしていると、「このＤＶＤは子供の英語習得にとてもよく、アメリカで流行っている」など、何につけても子供の教育が話題になります。子供に観せるＤＶＤもアルファベットや数字を自然に学べるものが多く、地元書店に初めて足を運んだ時、置かれている書籍の大半が子供向け（中には幼児向けも）のテキストで驚きました。日本の書店ならば雑誌やビジネス書が置かれるようなスペースに子供向け教材が山のように置かれていたのです。これだけ教材の需要があるのかと思うと末恐ろしいです。

これに比べると日本ではまだまだ幼児教育が遅れており、一部の意識の高い家庭以外ではあまりなされていないように感じます。２０１７年のＯＥＣＤインディケータ（Education at a Glance）によると、日本の公教育支出をＧＤＰ比で見ると、ＯＥＣＤ諸国の中で最下位レベルになっており、たびたびメディアでも話題になっています。とりわけ就学前教育に対するＧＤＰ比の公支出は最低レベルで、各家庭での負担の割合が高いのですが、私費を足しても諸外国と比べると未就学児にかけられるお金が少ないのです。

『「学力」の経済学』（中室牧子著、ディスカヴァー・トゥエンティワン）によると、「もっとも収益率が高いのは、子どもが小学校に入学する前の就学前教育（幼児教育）」とのことです。早期に得たスキルやしつけなどはその後の人生で長い間役に立つことになるからです。ベースになる語学に関しては早期から行うほうがそのスキルを活かしてディスカッションやプレゼンテーションや論文を書くなど高度なことを行える機会が増えます。

私はシンガポーリアンの友人に触発をされて、子供が1歳の時から英語の幼児教室に入れ、すでにアイビーリーグ（アメリカの名門私立8校からなる連盟）の入り方などの本を読むほど教育熱心に変わっていきました。

英語力は世界3位、日本は135位

シンガポールでは英語や中国語（北京語）などの言語が公用語となっており、オフィス街のビジネスパーソンだけではなく、タクシー運転手やショップ店員まで流ちょうな英語を話します。中国語しか通じないエリアも一部あるものの、中心街だとほぼ問題なく英語でやりとりができます。

独特のイントネーションで「シングリッシュ」とは言われるものの、欧米人にとっても語学の壁がないのでビジネスや生活の拠点をシンガポールに置く人も多いです。

日本からの駐在員もこのシンガポールの教育にはまるようです。シンガポールのローカルスクールでは保育園や幼稚園から英語と中国語教育が徹底されるので語学教育によいからです。２歳などかなり小さな年齢からアルファベットや数字を覚えたり、色や形や天候について英語で話し合ったり、中国語で歌を歌ったりします。

友人の子供が通っている保育所ではそろばんも習えるようで、４歳ですでに足し算や引き算がすらすらできるようです。シンガポーリアンの友人に聞いたところ、英語のセンテンス

（まとまりのあるひとつの文）を書けることが入学条件の小学校もあるようです。

日本の公立小学校では小学校5年生から英語教育が始まり、2020年度には小学校3年生からに前倒しされる予定ですが、シンガポールと比べると始める時期も遅く、分量も不十分です。私立の大学の付属校ですら小学校1年生から英語の授業がない学校もあり、英語のスタート時期が遅れています。意識の高い家庭の子供達は週末に英会話スクールに行くようですが、その分、子供達が家族と過ごす時間が削られます。

シンガポールでは近所にあるような保育園・幼稚園でもオムツを着けている頃から英語と中国語の基礎教育が行われ、小学校以降では母語を除く全科目の授業が英語で行われています。シンガポーリアンは英語を使って思考をするくせが小さい頃からついているので、日本人の英語とは年季が違うと、ローカルの友人と経済や国策などの議論をする際につくづく痛感させられます。もっと言いたいことがあるのに英語にまとまらなくてもどかしい思いをします。

夫がアメリカやシンガポールの大学のエグゼクティブMBAコースの受験勉強をしていた時もネックになったのは英語でした。入学準備にあたり半年以上ほぼ英語の勉強だけをせざるを得ませんでした。毎週末、高額な受験料を支払って英語のテストを受け続けていました

英語力はシンガポール世界3位、日本135位（2010年）

TOEFL（iBT）の国別ランキング　※TOEFL（iBT）は120点満点

〈全体順位〉（163ヵ国中）

順位	国名	TOEFLスコア
1位	オランダ	100
2位	デンマーク	99
3位	シンガポール オーストリア	98
	：	
80位	韓国	81
	：	
105位	中国	77
	：	
135位	カメルーン	70
135位	トーゴ	70
135位	クウェート	70
135位	日本	70
139位	ギニア	69
139位	シエラレオネ	69
	：	
163位	モーリタニア	58

〈アジア内順位〉（30ヵ国中）

順位	国名	TOEFLスコア
1位	シンガポール	98
2位	インド	92
3位	マレーシア パキスタン フィリピン	88
	：	
9位	韓国	81
	：	
16位	中国	77
	：	
24位	アフガニスタン	73
24位	モンゴル	73
24位	ベトナム	73
27位	日本	70
28位	ラオス人民民主共和国	67
29位	タジキスタン	66
30位	カンボジア	63

出典：文部科学省「グローバル人材の育成について　2010年」

が、夫が勉強をする間に小さな子供の面倒を1人でみていた身としては、時間とお金の無駄なのではないかと感じてしまいました。

大学で英語をベースとして学んでいれば再度英語のためだけに勉強をし直す必要はなかったはずです。シンガポール国立大学のMBAコースを修了した友人が言うには、日本人は話す内容は十分過ぎるくらい濃いが、英語で論理的に筋道を組み立てられる人が少ないということでした。

逆に日本人で英語ができれば、鬼に金棒だと言っていました。中身がしっかりとあり、世界に多様性をもたらすことで貢献ができるからです。日本では外国語を流ちょうに話せる講師を多数確保することが困難ですが、テレビ電話のスカイプなどを用いてフィリピン人講師と英会話を行うこともできます。

シンガポールのように、外国語を勉強しているという意識もないくらい早期から英語に触れる機会をもっと作っていったほうがよいでしょう。

急増する日本からの親子留学

シンガポールの教育環境でよいところは、ほとんどの親が英語を流ちょうに話せるということです。親の言語はそのまま子供に受け継がれるからです。

また、欧米人も多く、シンガポーリアンも英語が流ちょうなので英語の講師にも事欠きません。加えて中華系シンガポーリアンや中国からの留学生も多いので中国語を聞く機会も多いのです。そういう理由もあり、英語・中国語を学べるため、日本から親子留学をする家庭も増えています。

学生ビザを取得した子供の世話をする母親もしくは祖母のどちらかはローカルスポンサーを付けてシンガポールで子供の養育を行うことができます。子供を寮に入れて留学をさせる方法もありますが、親が現地で仕事を見つけて長期間シンガポールで子供に教育を受けさせる家庭も増えています。美容師やシェフなどサービス業で子供をローカル校に入れて、永住権を申請している人もいますし、シンガポールで会社を興して、子供をインター校に入れている知人もいます。

また、教育熱心な母親が利用する私立の保育園では、プログラミングの早期学習の授業も行われているようです。英語と中国語のバイリンガル教育に加えて、ＩＴや理数の授業も進んでいるのがシンガポールでの教育のもう一つの特徴です。

次世代の子供達は親世代からすると想像もできないような変化の激しい世界を生き抜くス

キルを要求されます。日本の教育システムは硬直的でゆっくりとしか変わりませんが、シンガポールのように実社会で必要とされるスキルを身につけることができる教育に変えていく必要があるのではないでしょうか。

進路別の学費、日本との比較

子供にシンガポールで教育を受けさせる場合、現地の公立校（ローカル校）に通わせるか、インター校（外国人向けの学校）や日本人学校（文部科学省管轄で、日本と同等の教育が受けられる学校）に通わせるかで、大きく費用が変わってきます（107ページ参照）。

ローカル校の場合、シンガポール国民と永住権保有者（PR）が、学費や学校の選択の面で優先されます。PRの場合の学費は、幼稚園は月2万7000円程度、小学校は月1万円程度（外国人の場合は月5万円程度）、中学校の学費は月1万5000円程度（外国人の場合は月7万2000円程度）、高校の学費は月2万円程度（外国人の場合は月10万4000円程度）です。永住権を取得できれば、日本でオール公立コースと同程度の金額（700万円前後）で、大学まで通わせることができます。ただし、2018年から2020年にかけて、PRと外国人向けの教育費が値上がる予定です。英語と中国語の教育を受けられることを考えるとローカル校の金額は魅力的です。外国人価格の場合も日本でオール私立コース程度の金額になります。

次にシンガポールにいる日本人の多くが通う日系の学校の場合。幼稚園は月10万円前後なので、２歳スタートで４年通う場合は４年で５００万円程度です。

日本人小学校や中学校は月６万円程度（バス代、放課後アクティビティ抜き）です。小学校中学年から学習塾に行く家庭も多く、学費の他にも習い事や塾代やバス代などに10万円程度かかる可能性もあるので注意が必要です。高校は早稲田渋谷シンガポール校がありますが、学費は年間２７０万円弱です。シンガポールで日系の大学に行かせようと思うと私立になるので、日本でオール私立のコースに進むくらいの金額（２０００万円前後）になります。

駐在員の場合は会社から教育費の補助が出る場合も多いですが、駐在員の多くは扶養家族（子供）の年齢が低い（学費負担は少ない）30代から40代前半になります。

インター校の多くは学費が年２５０万円程度（バス代、放課後やホリデープログラムを除く。高校など学年が上がるとさらに費用がかかる）はかかるので、３歳から15年間通うとなると累積で４０００万円程度かかります。

高校卒業後に欧米系の大学に行けばさらに費用は膨らみます。例えば、米国の私立大学の

日本×シンガポール　進路別費用シミュレーション

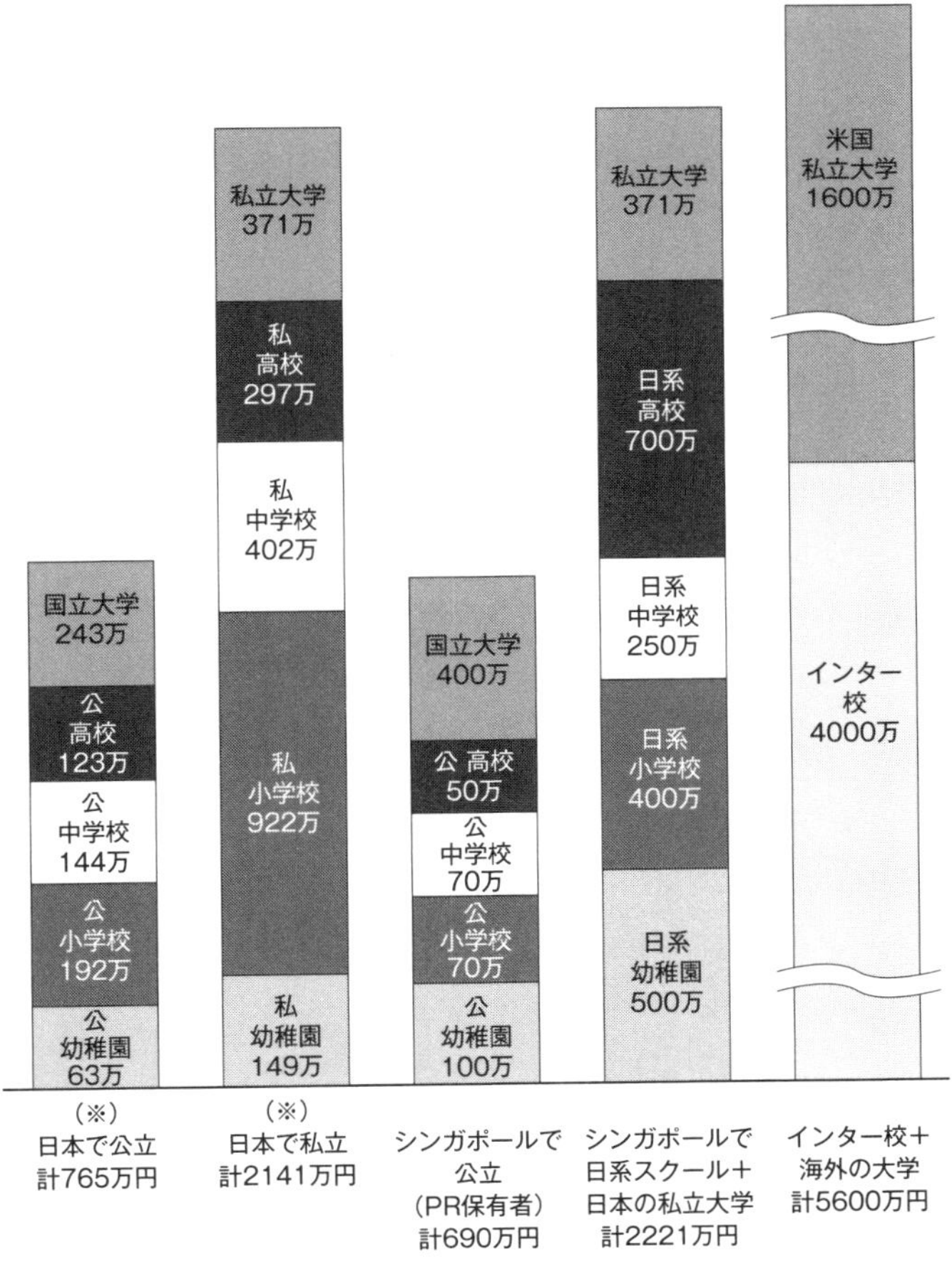

出典：日経DUAL「シンガポール在住FP花輪陽子の親子移住と現地採用のリアル」改訂
※日本の幼稚園～高校までは学校外費用も含んだ金額

場合、年間の学費は400万円程度です。その他に、寮費や生活費がかかるために1年間で少なくとも600万円程度かかると思っておいたほうがよいでしょう。修士課程まで進学をすればさらにお金がかかります。

子供を欧米の大学に進学をさせたあるシンガポーリアンの中流家庭は学費のために自宅を売らざるを得なくなったそうです。しかし、子供が欧米系の金融機関に就職をして、両親のために自宅を買い戻しました。

インターコースは非常にお金がかかりますが、収入の高い欧米系企業で働く機会もあるので、このように思い切った投資をする家庭もあります。かかる費用だけではなく、将来見込めるリターンも考えながら教育投資が必要になります。

また、海外の大学では様々な奨学金プログラムがあるため、条件に当てはまるものがあるのか各大学のホームページなどで事前に確認をしたほうがよいでしょう。制度があったとしても、自分で申請をしないと受けることはできないからです。

インター校に入れている親の多くは会社経営者か、商社や銀行など学費の補助が手厚い大企業や欧米系企業で働く家庭が多いです。しかし、ごく一般的な日本企業の会社員で教育熱心な家庭も多いようです（学校見学でお話しをさせていただいた家庭は一人っ子が多かったですが)。子供の進路を長期で考える場合、コースによって金額が大きく変わります。総額がいくらになるか計算をして、家族計画やそれぞれの子供の進路を考える必要があります。

シンガポールでの教育メリット

日本も2020年に教育改革があり、徐々に海外のスタンダードに近づいていくことが予想されます。日本人にとっては大改革になりますが、それでも海外の教育と比べると語学やITなど非常に遅れているように感じます。

日本もシンガポールのように、生徒が希望をすれば公立高校からもすんなり海外の大学に行けるくらい世界標準に近づけていく必要があるのではないでしょうか。

教育投資は最終ゴールを見据えながら、が大切です。将来子供がどのように活躍をして欲しいのか具体的な目標を定め、子供の特徴も見極めながら進学コースを考えていく必要があります。例えば、日本を拠点とし、海外出張や海外駐在などグローバルに活躍する人（日本メインの人）になって欲しいのか、世界のどこかに拠点を置き（日本に帰るのは年に数回程度、あるいはライフステージの一時点などで)、ライフステージに合わせて色んな国を渡り歩く人（海外メインの人）になって欲しいのかでは目指すコースも変わってくるからです。

あくまでも日本を拠点と考えており、英語は得意ならばよいという考えであれば、日本で教育を受けさせ、必要があれば海外に留学という道を選択するのもよいでしょう。子供だけ全寮制の学校に留学をさせる方法や、日本の大学から交換留学で海外の大学で学ぶという方法もあります。また、清泉インターナショナルスクールなど日本の高等学校卒業と同じ資格を得られるインター校も日本には複数あります。

グローバルな拠点を作りたいという場合は、シンガポールでの教育も魅力的になります。シンガポールで教育を受けさせる最大のメリットとしては、教育レベルの高さに加えて世界中の人とつながりをもてることが挙げられます。多国籍の子供達がそれぞれの文化を持ち寄り、色んなアイディアを共有し、問題を解決していく力をはぐくむことができます。また、街のなかでも多民族、多文化なのも日本との大きな違いです。貧富の差が日本よりずっと大きいことも子供の目で見ても分かるので、親だけではなく子供も一生懸命がんばろうというモチベーションにもつながります。色んな国の個性的な子供達にもまれてたくましくなっていくこともできます。

語学に関してはシンガポーリアンの多くが母国語（マレー語、北京語、タミル語）と英語を話しているので、日本人の場合も英語で授業を行う学校を選んで、家庭では日本語教育を行えば日本語と英語のバイリンガルを目指すことは可能です。中国語もとなると、家庭教師を毎日つけるなどの工夫が必要になりますが、努力次第で実現できる環境です。

ＩＢディプロマプログラムの成績に関しては第一言語、第二言語と２ヵ国語以上を選択するので、ジム・ロジャーズ氏のようなアメリカ人の富裕層も躍起になって子供達に中国語教育を行っています。

シンガポールでの教育のデメリットとしては、日本語の流ちょうさや日本人らしさが欠落しがちで、アイデンティティーの問題が出る恐れがあるということでしょうか。しかし、シンガポールにいる限りは第三文化の子供達（父母の国籍が違い、出生地、育った地などがバラバラの子供達）も非常に多いので問題は起こりにくいのではないかと思います。

また、頻繁に一時帰国をし、Ｚ会などの通信教育で日本語の学習をすることによって日本語力を付けることも可能です。要はどれだけ、その言語と文化に触れさせる機会を家庭で作れるかになるでしょう。

「稼げる子」が育つ教育

また、ローカル校を選択する場合は選別試験が数多くあり、日本のように敗者復活が少ないために早熟で天才型の子供でないと厳しいと言われています。大器晩成型の場合は敗者復活の機会が多い日本もしくはインター校が向いているでしょう。親が名門にこだわったがために子供が学校の雰囲気についていけずに学校を替えなければならないという話もよく聞きます。子供の希望や特徴を見極めながら合う学校を探せるとお互いにとってよいでしょう。

とはいえ、将来子供がお金を稼ぐという観点で考えると、日本の教育よりシンガポールの教育のほうが実践的と言わざるを得ません。世界の多くの人が話す英語が学習のベースで、世界最大の経済国になりつつある中国の言語も学ぶことができるからです。

また、日本では東大に入るなど日本一を目指すことが意識の高い家庭でのゴールになりますが、シンガポールでは欧米を中心とした世界の有名大学を目指し、世界で活躍ができる人材を作るという世界レベルの目標を立てることができ、それをサポートするしくみ（学校側のノウハウ）もあります。

公教育も日本と同様で詰め込み式ではありますが、シンガポールでの教育は世界標準でも役に立つ詰め込み式なのがよいところです。

実際にシンガポールで教育を受けて成功をしている30代の男女から話を聞きましたが、就職先としてもシンガポールは魅力的だと感じました。

シンガポールの大学を卒業して外資系の金融機関で働く30代前半のAさん（男性）の年収は3000万円程度です。Aさんは中国語が苦手で小学校の卒業試験の成績がふるわず、レベルの低い中学校への進学になったのですが、中学で挽回をしてトップ5の高校に進学をしました。同じ業界で働く仲間で部長に昇進をした人の推定年収は4000万円とのことでAさんも更に上を目指しています。

欧米の有名大学を出るほうが欧米系の企業への就職や昇進などで有利に働くこともありますが、シンガポールの大学からも欧米企業に就職し、高収入を得ることは可能です。

また、政府で働くBさん（女性）は中国語が苦手だったものの、その他の成績が秀でてよかったためにトップレベルの高校に行きシンガポールの大学院を卒業し、30代前半で年収は1000万円以上になりました。育児のために2年間仕事を中断しましたが、休職中に複数の部署から復職のオファーが来たそうです。

日本の場合、ブランクがあると復職に不利に働くことが多いですが、シンガポールは雇用が流動的で一度キャリアを積んだ女性はブランクがあったとしても同じようなポジションに戻ることができるので働くママにも優しい環境です。

我が家も考え直した教育方針

我が家も子供の教育はシンガポールと欧米で受けさせ、就職もシンガポールや米国でというのも魅力的だなと考えています。自分達も子供も海外メインでその時の情勢に応じて臨機応変に複数の国を行き来できる人を目指したいと思っているからです。そのため、夫も海外の大学院で学び直しを決め、子供の教育もインターコースを選択しました。

日本で教育を受けると、自分が受けた教育という枠から抜け出すことが難しくなりますが、自分が受けた教育はいったん忘れて、何が子供にとってよいのかを考え直すのもよいと思います。

私も正直、子供の時代からやり直すことができたら、できるだけ早い段階で海外に出て行きたかったですし、20代の働き盛りの時にもっと仕事で上を目指したかったです。2001年に私は就職活動をしたのですが、面接の時に「ヒューレット・パッカードのCEOのカーリー・フィオリーナのようになりたいです」と言ったら大抵の日本企業の面接官はぽかんとしてしまいました。面接に合格をしたのは、外資系企業と証券会社の営業職という非常にアグレッシブな企業のみでした。

また、２００９年に外資系金融機関をリストラされ、再就職斡旋会社とインタビューしている時にも、「私はアメリカのファイナンシャル・プランナーのスージー・オーマンのようになりたい。独立をしたい」と言ったら、「そんなことは不可能だ。同業に就職しなさい」と諭されました。

もっともな回答なのかもしれませんが、面接官の意見を無視して独立をしたので、本を書いたり、テレビなどのメディアに出演したりすることもできるようになりました。

日本にいると、出る杭は打たれ、無意識のうちに自分自身で制限をかけてしまいがちです。アメリカンドリームではないですが、アジアンドリームをシンガポールでは夢見ることができるのが魅力的です。

日本にも勉強をして上昇したい、もっと働いて収入を得たいという人に動機付けをするようなしくみが必要です。単純ですが、もっとよい暮らしをしたい、子供によりよい暮らしをさせたいという原動力があるから、人は上昇していけるのだと思います。現在はインターネットで検索をすれば、業界やポジションから年収を推定することも容易にできます。頑張ってもサボっている人と大して収入に差が出ず、外資系企業で働いて高収入を得ても高い税金をかけられる日本は、優秀な人材を引きつけておくことは難しいのではないでしょうか。

年間5000人が米国留学

夫がビジネススクール探しに米国のハーバード大学、スタンフォード大学、マサチューセッツ工科大学などを訪れた時のこと。大学のキャンパスビジットに来ている小学生あるいは中学生の団体を何組も（合計で100人以上の子供達）見かけたということでした。1人のインストラクターが20人以上の子供やその親（保護者同伴の家庭も多い）を率いていたようです。

日本人の団体も1組いたのですが、その他は中国や韓国など日本以外のアジア人だったということです。我が家では視察をしているのは大人でしたが、子供達の団体が何よりも目立ったようです。「小学生が海外の大学の視察に来るなんて、いくら何でも早すぎじゃない」と笑ってしまいそうですが、彼らは観光がてら見に来ているのではなく、目的を持ってツアーに参加をし、スクール探しに真剣そのものだったようです。

スタンフォード大学の留学生の出身国ランキングは中国がナンバーワンです。中国やインドや韓国などのアジア系が増えすぎて、人種の偏りを是正するために多すぎる出身国の入学要件を厳しくしている大学もあるほどです。シンガポーリアンの米国への留学生の数も増え続けており、年間5000人近くの人が留学をしています。シンガポーリアン・永住者の人口が400万人弱ということを考えるとかなりの数になります。

対する日本はというと、米国に留学をする人数は減り続けています。1994年から1997年までは、米国における留学生のうち、日本人の占める割合が1位だったのですが、1997年の4万7073人をピークに減少をたどり、2012年は1万9568人とピーク時に比べて半分以下の人数になっています（IIE　2013年）。長引くデフレのために企業派遣が減り、会社員の収入も伸び悩む中、大金をはたいて留学をするメリットを感じられないというのが理由でしょう。しかし、内向きになってしまうと経済はよくなりません。勢いのある他のアジア諸国のように教育投資をして外国で学んだことを日本に持ち帰ってくれるような人材が多数必要なのではないでしょうか。欧米の大学の学費は高額ですが、海外の大学では様々な奨学金プログラムが充実しており、奨学金を得ることができれば、学費や寮費など一切（あるいは大部分）が免除になる可能性もあります。

また、日本人は受験者の数が少なく、多様性を与えてくれるということで入学要件が緩めの学校も多いので海外で学びたい人にとっては絶好の機会なのです。

今まだ国や個人にお金があるうちに海外で学び、数多くのグローバルリーダーを育成することが不可欠なのではないでしょうか。日本もシンガポールのように成績優秀者に対して奨学金を出すなどのインセンティブを付けてもよいように感じます。

MBA取得のハードルが低い

東京大学を抜いてアジアナンバーワンのシンガポール国立大学は、競争の激しいシンガポールのローカル校での選《え》りすぐりが集まるのでレベルは非常に高いです。

1905年に創立した最も歴史のある大学で、外国籍学部生の割合は2割弱。大学の授業料は助成金を受ける場合は年130万円程度（学部によって異なる、永住権保有者はさらに割安になる）です。

MBAやエグゼクティブMBAコースもあるので社会人の学び直しの選択肢にもなります。私の夫もエグゼクティブMBAコースを受験しましたが、米国の大学と違ってGMATという筆記試験や英語のスコアなどは必ずしも必要ではなく、エッセイや推薦状など書類と面接だけで対応してくれました。エグゼクティブMBAコースの料金は約1年半のパートタイム（3ヵ月に1回2週間程度で開講）で800万円程度（アジア諸国へのツアー代別）です。MBAの場合はフルタイムとパートタイムがあり、学費は500万円程度。米国のMB

Aに比べると共に半額程度と良心的な金額です。加えて起業家への支援があり、学校内にベンチャーキャピタルやコンテストなどもあります。

その他の大学としては、南洋理工大学、シンガポールマネジメント大学、シンガポール工科大学、シンガポール工科デザイン大学、シンガポール経営大学、イエール・NUS大学、フランスのインシアード（MBAスクールランキングで上位のシンガポール校）、リークワンユースクールなどがあります。日本の大学でMBAコースを考えると、日本人が多く、授業も日本語で行われる学校も多いですが、シンガポールの大学の授業は英語で、講師や学生も多国籍です。特にインシアードは欧米の雰囲気そのものです。

シンガポールで学ぶ特徴としては、米国よりもMBAなどを目指す費用や要件のハードルが低く、その後のビザや就職の面でも米国よりは敷居が低いことです。近年、ビジネススクール側は女性の学生を増やそうとしているので、女性には特にチャンスがあります。シンガポールは日本から近く、治安もよく、女性の一人暮らしも東京と同じような感覚でできるので（物価は高いですが）、これからシンガポールでMBAやエグゼクティブMBAを取得する日本人が増えていくのではないかと予想しています。

欧米の大学を含む各大学がMBAを取得した後の卒業生の平均収入などを発表していま

アジア世界大学ランキング（2017年）

順位	大学名	国
1位	シンガポール国立大学	シンガポール
2位	北京大学	中国
3位	清華大学	中国
4位	南洋理工大学	シンガポール
5位	香港大学	香港
6位	香港科技大学	香港
7位	東京大学	日本
8位	韓国科学技術院（KAIST）	韓国
9位	ソウル大学校	韓国
10位	浦項工科大学校	韓国

出典：Times Higher Education Asia University Rankings 2017

す。ポジションなどにもよりますが2000万円近くを提示している学校もあり、エグゼクティブMBAだと、3000万円超のこともあります。MBAを取って外資系コンサルや外資系投資銀行などで働いて30代で年収2000万円超えということも珍しくありません。シンガポールの金融街には数多くの外資系の金融機関があり、金融機関で働いている人も数多くいます。官僚や大学教授の給料も日本よりも高く、ポジションにもよりますが、30代で1000万円以上稼ぐこともできるようです（外国人も政府で働くことは可能）。

費用対効果を単純計算で考えると、MBA取得に1500万円かかったとしても、その後の年収が500万円アップしたら3年で回収できる計算です。教育投資はかかる費用だけでなく、将来見込める収入も含めての検討が必要になります。欧米の有名大ほどは箔が付かないかもしれませんが、シンガポールやアジアで就職やビジネスをするにはシンガポールの大学を出ることもよい選択肢だと感じます。

シンガポールの大学はPRが上手く、海外からの留学生を上手く取り込んでいます。

東京大学もアジアナンバーワンのランクに返り咲くには英語での講義や論文を増やしたり、更なる海外へのPRも必要になるのではないでしょうか。

2歳児が1時間座っていられる

シンガポールに来て間もなくて知り合いも少なかった頃、友人作りも兼ねて子供と一緒にグローバル展開している米系幼児教室に通い始めました。2歳前後の子供達と付き添いの親がクラスに参加をし、先生の指示に従って体操やアートや音楽をするという内容です。

その教室でシンガポーリアンの子供達が本当にすごすぎて驚いてしまいました。2歳児なのにもかかわらず、1時間弱の間、騒がずに先生の細かい指示に従い続けるのです。アートのクラスでは、1時間近く、椅子に座って工作をし続ける子も多いのです。英語で数や色や物の名前などを聞いても正確に答えますし、３歳になると、自分の意見を言う子や自分の名前をアルファベットで書ける子もいます。

日本人が多いショッピングモールなどでは大声で走り回っている子供達が多く、我が子も含めて子供はそういうものだと思っていたので本当に驚きでした。

「シンガポーリアンの子供はどうして２歳なのに先生の指示に従い続けられるの？」ローカルの友人に聞いたところ、「シンガポールでは厳しいしつけをする家庭や学校も多いの。特に中華系はそうだから学校選びなどにも注意してね」と言われました。

たしかに、しつけを受けたほうが年収は高くなるという学術データもあるくらいですから理にかなってはいます。

実際に、中華系シンガポーリアンは子供に対して厳しいことも多々あります。プールで子供を遊ばせていた時のこと、４歳くらいの中華系の女の子がプールにおいてあったボールを見つけてしばらくそのボールで遊んでいました。そこにその子の母親がやって来て、子供を物陰に呼び寄せて激しく叱っていたのです。中国語なので何を言っているのかは分かりませんでしたが、５メートル以上離れているのに声が聞こえてくるくらい激しい口調で叱っていました。女の子はママに叱られて激しく泣いていました。おそらくその子が誰かの物で勝手に遊んだので、それに対して叱ったのでしょう。

日本人の感覚ならば誰の物か分からない遊具でしばらく遊んでも最後に元に戻せば許されるところではないでしょうか。何もそこまで激しく叱らなくてもと思いました。

子供をローカルの幼稚園に通わせている日本人ママさんからの噂話では、先生に対して子供への体罰を希望するシンガポーリアンもいるようです。友人の家庭も子供を従わせるために竹でできたしつけ棒を購入したと言っていました（実際にたたくことはなくても怯えて親に従うそうです）。第二次世界大戦前後の日本の家庭にも見られましたが、恐怖で子供をコントロールして親に従いやすくするというアプローチを取っている家庭も多いようです。

フランスやイギリスなどもしつけに厳しい家庭が多く、欧米家庭では「タイムアウト」（親の言うことに従わなかった場合は一定の時間立たせる）を導入している家庭もあります。しかし多くの欧米系の家庭では子供に伸び伸びさせているところが多いように感じます。「この子達の親はどこにいるのだろう？」と不思議に思うくらい、小さな子供をしばらく放置して買い物などに行ってしまう親もいるくらいです。

「小学校の卒業試験があるからストレスフルだ」と嘆くシンガポーリアンも多いですが、早期に子供の将来が決まってしまうというプレッシャーから子供に対して親がとても教育熱心で、その反面しつけが厳しくなってしまうのです。しつけが厳しいからなのか、シンガポーリアンの子供でややおとなしいと感じる子も多いです。見習いたいようなしっかりした子も多いですが、あまり厳しくし過ぎるのも子供には酷だなとも思ってしまうところです。

しかし、多くのシンガポーリアンは他人の子供に対しては非常に優しく、子供が大きな声を出したり、走り回っていても嫌な顔をする人は少ないです。

IQを上げるためなら何でも買う

日本では「ママカースト」という言葉もあるくらいでママ同士が夫の職業や地位、持っている物（家やマンション、車、ブランドバッグ、子供の洋服など）や自分や子供のルックスを競い合うこともあります。

シンガポーリアンの友人に「日本にはママカーストという言葉があって、夫の会社名やポジション、子供や妻のルックスなどで比較されるのだけど、シンガポールにもそんなものはあるの？」と聞いたところ、「ええ、日本はそんなことを比較するの？　こわい。そんなことはシンガポールにはないわ。私達の唯一の関心事は子供の学力だけなの。だから子供の発達や学力だけはすごく関心があってついつい比較しちゃう」ということでした。自分の子供の学力が他の子供より優れているかどうかが唯一の関心事だということです。

そういうこともあり、シンガポーリアンは子供のIQ（知能指数）を上げることに対して非常に熱心です。医師からも脳によいからということでDHAが入ったグミやサプリを与えるように言われましたが、ドラッグストアにはその手の物がたくさん置かれています。友人の子供は9ヵ月の時にIQテストを受けたのですが、IQが高いと特別プログラムを受けられるので、それを狙って定期的に受ける家庭もあるのです。

アメリカやシンガポールでは知能指数が高い人や低い人（いわゆる中間ではない人）に対する特別教育が進んでおり、たとえIQが低かったとしてもマンツーマンで非常に手厚い教育を受けることができる場合もあります。

日本の教育は中間レベルの人にとってはよいですが、人よりも高い（低い）IQの人に対するプログラムは不十分だと感じます。日本でも一般的に5歳程度から受けられる知能検査もありますが、まさか赤ちゃんの時に受けている人がいて、しかも努力をしてIQを上げようとしている人がいるとは驚きでした。

子供の教育によいという物は何でも買い与え、際限なくおもちゃや本を買い続けている家庭も多いです。私達夫婦も日本に住んでいた時は1000冊以上の書籍に囲まれた生活をしていましたが、友人宅は子供の絵本がそれ以上にありました。学校にある図書室の本よりも多いのではという量です。そんなに本が買えないという家庭も国立図書館に行けば英語と中国語の本がたくさんあります。曜日や時間帯によっては中国語や英語の読み聞かせのイベントも行われています。

世界中からよいおもちゃを取り寄せて子供に与える家庭も多いです。スイス・ネフ社の高額な木のおもちゃなどです。我が家も夫の趣味で、アメリカで開発されたコーディング（プログラム言語を用いてコンピューターが処理可能な形式のプログラムを記述すること）ができるおもちゃを注文したのですが、シンガポーリアンの友人も同時に注文をしていて驚きました。シンガポールには日本以上に世界中のおもちゃを取り寄せたおもちゃ屋がたくさんあります。

また、アメリカのアマゾンで一定以上の金額を購入すると配送料無料になるサービスがあり、利用している人も多いです。日本ではあまり子供におもちゃを買い与え過ぎると子供の教育によくないという考えの家庭も多いですが、シンガポーリアンはたくさん物を買う文化です。小さなプレイグラウンドよりもずっとおもちゃが多く、子供部屋はおもちゃでいっぱいで未開封の段ボールがたくさんつまれているという家も結構あります。デパートにある、お金を払って乗る子供の乗り物に平気で1000円くらい使ってしまう人も多いのです。年収1000万円ずつのパワーカップルの友人は自宅や実家の他にも、トランクルームまで借りて3歳の一人息子のためのおもちゃを収納しています。

子供は「私の年金」

「外国からおもちゃや教材を取り寄せていて教育熱心ですね。トランクルームもおもちゃでいっぱいだけど、総額いくらかかったのですか?」

「私が働いていた時のお金は全部、息子の教材になるおもちゃに替わっちゃったわ。息子は私の年金だから(投資をする価値があるのよ)」。

ローカルの友人がことあるごとに3歳の息子のことを「私の年金」と言います。最初に聞いた時は耳を疑いましたが、中華系にとっては当たり前の発想のようです。

幼少期から散々教育費に投資をしてきたのだし、年老いた親の面倒は子供がみるのが当たり前だというのです。親を喜ばせるために、結婚式に2000万円かけた(盛大な宴《うたげ》は3日間行われた)という話を聞いたこともあります。

どれくらい親を喜ばせたり、援助をするかは子供の経済力によるそうです。

また、親だけではなく、兄弟姉妹などで困っている人がいたら、経済的なサポートをする文化です。

日本でも民法第877条には、「直系血族及び兄弟姉妹は、互いに扶養をする義務がある」という記述があり、親子、祖父母と孫、兄弟姉妹などが経済的に困った場合はお互いに扶養をすることが法律で義務づけられています。戦前の日本は子供の数が多く、年金制度が整っていなかったので、子供が親を養う文化がありました。

しかし現在は、日本の高齢者は若年層よりも豊かで、子供や孫に経済的な援助をしている家庭も多いくらいです。「おばあちゃんから物資が届いたよ」。駐在員の家庭の多くでは、日本から食料や子供の衣類やおもちゃを送ってもらっているようです。

この文化の差は大きく、シンガポーリアンと結婚をした日本人女性で、夫の親や親族への仕送りに対して文句を言う人も多いです。

「義理母への医療費の支払いがカード払いで80万円もあった」

「義理姉が不動産を購入するのに援助をするらしい」

などです。

万一、身内がシンガポーリアンと結婚をすることになったら、本人の経済力だけではなく、義理の両親や兄弟姉妹、時には親戚一同の経済状況も把握したほうがよいでしょう。儒教の影響がより強い中華系は、旧正月や子供の誕生会などを親戚一同で祝ったりするほど親族間の絆が強いからです。いくら本人が稼ぎ頭でも、扶養家族が多ければ当然よい暮らしはできません。

日本人の親が娘に対して援助をしているのに、シンガポーリアンの息子は自分の親に援助をするということが発生したとすると、娘の在所から息子の在所に仕送りをしているようなものだからです。

シンガポールの高齢者は、経済的に自立していても、さらに子供から援助されるのが当たり前の習慣です。

日本では、子供がいても高齢になったら「自分の始末は自分でする」という自立した考え方が浸透しつつあります。

老後の生活設計は日本の方が素晴らしいと感じます。

第四章　物価の高さは世界一でも合理的

生活費は月60万円

シンガポールは世界で一番物価が高いと言われますが、生活費は日本の2倍程度かかるイメージです。教育費、医療費・保険費用などが高い上に住居費も高いからです。

家賃相場は2ベッドルーム（リビングとベッドルームが2つで、日本でいう2LDKに近い）のファミリー向けの外国人向けコンドミニアムが30万円前後です。教育費が子供1人月10万円前後、医療費・保険費用が月5万円前後、住居費が30万円前後と大きな固定費だけで月45万円前後かかります。日本食も入手しやすく、和食レストランも多いですが、日本での値段と比べると2倍程度します。通信費、水道光熱費、被服費などは同程度の金額ですが、それ以外はほとんど高いので日本と同等以上の生活をシンガポールで求めると月60万円くらいかかる計算です。

メディアのイメージでシンガポールは「お金持ちのためだけの国」という印象があるかもしれません。しかし、地元民はもう少し楽な暮らしができます。シンガポーリアンの場合は住宅購入の際に補助があり、公立の学費も安いので固定費を大きく減らせるからです。駐在で滞在している日本人世帯の場合も、企業によって異なりますが、家賃、学費、医療費、帰

世界生活費ランキング（2017年）

順位	都市名	国・地域名	WCOL index（世界生活費指数）
1位	シンガポール	シンガポール	120
2位	香港	香港	114
3位	チューリヒ	スイス	113
4位	東京	日本	110
5位	大阪	日本	109
6位	ソウル	韓国	108
7位	ジュネーヴ	スイス	107
7位	パリ	フランス	107
9位	ニューヨーク	アメリカ	100
9位	コペンハーゲン	デンマーク	100
11位	ロサンゼルス	アメリカ	—

出典：EIU, Worldwide cost of living 2017, Worldwide Cost of Living Report 2017

省費などの補助、中には出産費用や日本などからの物資の買い付けコストの補助（送料など）が出る場合もあります。現地採用で働く場合はこれらの補助が受けられないので全部を自己負担で支払う必要が出てきます。そのため、シンガポールで就労ビザを得るには高い給与で働かないとビザが発行されにくいのです。

しかし、同時にシンガポールには低賃金の外国人労働者も多くいます。清掃業に就いている人の月収は9万円程度、住み込みの家事労働者の月収は月5万円程度の場合も多いです。住まいのある家事労働者はよいですが、それ以外の人は郊外の寮やシェアルームなどで暮らしています。郊外のアパートの場合、

20万円以下のファミリー向け物件を探すこともでき、シェアをすれば家賃を抑えることができます。

ウェットマーケットと言われる市場に行けば新鮮な肉や魚や野菜・果物が安く手に入ります。外食もフォーカーと言われる屋根付きの屋台のような店も多くあります。お腹いっぱい食べても300円前後で済むことも多いです。しかし、栄養面を考えると日本の定食のほうに軍配が上がります。

若くて健康であれば医療費や保険費用を抑えることも可能です。しかし、40歳以上になると病気のリスクも高まるので、ある程度所得がないとシンガポールでの生活は厳しくなります。若い人、所得が高い人、金融資産を保有している人がシンガポールでの生活には向きます。

対する日本はというと、社会保障が充実しているので高齢になったり、病気になったり、配偶者に先立たれた専業主婦でも、生活の保障が手厚いです。

国力ということを考えるとシンガポールのほうが戦略的に国に貢献する人材を集めているように感じますが、日本は生活がしやすく弱者には優しい国だと痛感しました。

経済格差は日本以上

シンガポール政府が抱えている問題は貧富の格差が日本よりも大きいことです。

シンガポールでは年収1000万円ずつのパワーカップルが多く存在しますが、その裏で月収9万円以下の低賃金で働いている労働者が1割程度います。

道路工事現場での労働者、フォーカーでの清掃員、集合住宅での警備員、タクシー運転手などの多くは低い賃金で働いています。トラックの荷台に上半身裸のままの外国人労働者が10人弱乗っている光景を見ることがあります。最初は驚いたのですが、彼らは道路工事現場の仕事をするためにバングラデシュなどから来た出稼ぎ労働者です。また、シンガポールでは一般のゴミは分別せずに部屋のゴミ捨てから投げ捨てる（ダストシュート）ことができるのですが、そのゴミを下で仕分けている清掃員もいます。

2015年の賃上げガイドラインで低賃金労働者の基準月収を約10万円に引き上げ、これを下回る労働者に対して賃上げを実施するように提言しました。シンガポールでは法廷最低賃金がないので、政府、雇用主、従業員・労働組合の代表などがＮＷＣ（全国賃金評議会）で討議をして年一度賃上げガイドラインを発表しています（強制力は伴わない）。この動き

シンガポール所得階級別（5分位法）月平均世帯収入

項目	1997年	2002年	2007年
全体平均	5,322	5,535	7,440
所得階級別（5分位法）月平均世帯収入（シンガポールドル）			
1. 第1分位（最貧困層）	1,309	1,104	1,274
2. 第2分位	2,778	2,730	3,476
3. 第3分位	4,207	4,193	5,480
4. 第4分位	6,225	6,361	8,495
5. 第5分位（再富裕層）	12,091	13,288	18,472
最富裕層／最貧困層（倍）	9.24	12.04	14.50

1シンガポールドル＝80円（2018年3月6日現在）

出典：Singapore Department of Statistics,Report on the Household Expenditure Survey 2007/08,2009 改訂

によって低賃金労働者の労働環境は改善されつつはありますが、依然として格差の問題は残っています。

「ジニ係数」という、所得や資産の不平等さを測る指数をご存じの方も多いと思います。0から1までの値で表し、1に近づくほど格差が大きい状態になります。格差が広がりすぎて、社会騒乱の多発が警戒されるラインは「0・4」なのですが、日本は「再配分後は0・3759（再配分前は0・5704）2014年」に対して、シンガポールは「再配分後は0・402（再配分前は0・458）2016年」です。シンガポールでは日本より再配分が少ないので社会騒乱が起きるギリギリのラインになっています。2013年に

リトルインディアで44年ぶりの暴動が起きたのですが、建設現場などで働く出稼ぎ労働者は永住は認められず、ケガをして職を失えば国に帰らなければなりません。日本よりも簡単に出稼ぎができる反面、十分な保障を受けることができないのです。

シンガポール政府は欧州などと比べるとテロや暴動や犯罪をしっかりとコントロールしており、格差がこれ以上広がらないような努力をしていますが、それでも日本以上の格差を感じることが多々あります。フェラーリが走っている道路に、トラックの荷台に乗せられた労働者もいるのですから。

日本で格差と言われるようになりましたが、海外に比べると格差は小さいのです。

持ち家率は9割

シンガポールでは持ち家率が約９割に上ります（日本の持ち家率は約6割）。家という財産があると愛国心や社会の安定につながり、老後生活の不安も軽減できるという考えから政府が持ち家を推進しているからです。

また、政府は「ＨＤＢ」という団地のようなマンションを購入する際にシンガポーリアンに対して補助をしています。条件にもよりますが、一部屋あたり３００万円前後の補助を受けることができ、住宅購入の頭金に充当できます。

ＨＤＢの場合は、購入価格自体がＨＤＢ以外の物件価格よりも低価格に設定されているというメリットもあります。エリアや、その時々の需給動向などによっても大幅に変動しますが、ファミリータイプの物件で、日本円にして３０００万円前後から買えます。

ただ、新築のＨＤＢを購入するにあたっては、シンガポール人であることなどの条件を満たさなければならず、外国人は購入できません。ですが、賃貸は可能です。

現状、シンガポーリアンの約８割がＨＤＢに住んでいると言われていますが、ＨＤＢを借りている外国人もいます。

ＨＤＢの場合、プールなどゴージャスなファシリティーは付いていないことも多いですが、子供のプレイグラウンドが充実している物件もあります。日本の団地のようなイメージで洗濯物を長い洗濯竿にかけて窓の外に干している風景も見られます。友人の家に遊びに行ったら共有スペースの廊下に大きな水槽を置いている人もいたりして、近所づきあいもそれなりに大変だなと感じました。

一方、日本の駐在員も含む外国人が多く住んでいるのは、コンドミニアムというタイプの住宅です。リゾートホテルのような高級感あふれる外観で、セキュリティも整っており、プールやジム、バーベキューピットやテニスコートなどの豪華な施設が完備されていることも多いです。その代わりに共益費が高くなります。

家具付きの物件も多くあるために、駐在で数年間住むだけの人は便利ですが、家賃は割高になります。部屋タイプは様々ですが、２〜３ベッドルーム（２〜３ＬＤＫ）が人気で、バス・トイレも２つずつ付いている場合が多いです。

なかには、メイド専用の部屋やバス・トイレが付いている場合もあります。ちなみに、シンガポールの物件は広い部屋が多く、70平米以下の物件は非常に少ないために、単身で滞在する場合は、シェアルームをする人も多いようです。コンドミニアムの場合は自分が望まなければ近所づきあいはないです。

家賃はコンドミニアムの場合、月20万円以上かかるのが一般的で、日本人が多く住むエリアだと月40万円前後かかることも多いです。

ＨＤＢの場合も、オフィス街のすぐ近くだと月30万円程度かかることもあり、郊外でも月20万円弱です。そのためシンガポールは家賃がとても高いという印象を強く受けています。

しかし、契約の際に家賃交渉は可能で、１割以上家賃を値引きするのに成功した知人もいますし、我が家も成功しました。

うかつに病気になれない

我が家は、1歳になりたてのよちよち歩きの子供を連れてシンガポールに来たのですが、家具の角に激突し、大量の出血をしたことがありました。シンガポールに来たばかりで、家具の角にガードを取り付ける前でした。病院も行ったことがなかったので、血まみれになった子供の姿を見てかなり焦りました。応急措置で止血をして、タクシーで日系の病院に連れて行きました。傷がかなり深く、専門医に縫ってもらう必要があるとのことでした。紹介をしてもらった個人医（シンガポールでは、開業医の集団がひとつのビルに寄り集まっている）に数針縫ってもらったのですが、治療費はなんと30万円程度もしました。幸い、その医師はとても腕がよく、今では傷もほとんど分からないくらいなのですが、日本で治療をしたら100％自費だとしても、数万円で済んだでしょう。

なぜこんなに医療費が高いかというと、シンガポールでの医療制度は自由診療のために、医療機関によって医療費が大きく異なるからです。シンガポールの医療水準は、日本と比較して遜色ないのですが、日本よりビジネス色は強いと感じます。日本で禁止されている抗ガン剤なども私立の病院で利用できる場合もあるので最先端のガン治療などは期待できます。

多くの医師は、外国人相手となると、海外旅行保険に入っていることを前提にビジネスをするため、ただの風邪《かぜ》で薬を処方してもらっただけで、医療費は４万円などになる場合もあるのです。ガンでの闘病となると数ヵ月で1億円近くになる場合もあります。

しかし、ローカルの政府系病院の治療費は、比較的リーズナブルです。我が家も、夜間に子供が40度を超える発熱をして、意識が朦朧《もうろう》としていたときに緊急外来を利用しましたが、政府系病院だったので医療費は1万円程度でした。ただ、医師や看護師や受付とのやりとりは英語になり、医療用語は特殊なために、英語力に自信がないとローカルの病院は難易度が高いです。また、高額な私立のクリニックなどでは、待ち時間がほとんどないのですが、政府系病院では緊急性が低いと判断されると、待ち時間がとても長くなることもあります。ガンの治療も検査で何ヵ月も待たされてガンが進行してしまっていたという話も聞いたことがあります。ただ、交通事故に遭ったなど緊急性が高い場合は優先されます。シンガポールでは「995」に電話をかければ救急車がすぐに来ます。基本的に無料ですが、病院の指定はできず、政府系病院のどこかに搬送されるしくみになっています。

シンガポールに限らず、海外では医療費が超高額になることもあるので、海外旅行の際には、必ず海外旅行傷害保険に加入することをおすすめします。

現地の人も医療保険（こちらも年間数十万円と高額）に加入し、出産費用も貯蓄型の保険などに加入をして準備をすることが多いです。日本では公的医療保険が整っているので、必ずしも民間の医療保険に加入しなくても医療費での破産のリスクは低いですが、海外で生活をする場合は、国によっては医療保険に加入をしないと厳しいのです。ただ、日本は国民に優しい分、国の財政が非常に厳しくなっています。

ちなみに、シンガポーリアンの主な死因ですが、1位は悪性新生物、2位は肺炎、3位は心疾患、4位は脳血管疾患と日本人の死因とあまり変わりませんが、日本より肺炎の割合が高いようです。

シャンパン1杯4000円

シンガポールで生活をするにあたって、かさみがちなのは交際費です。現地の生活や育児の情報交換をするために、ママ友とアフタヌーンティーに行って、ワインでも頼もうものなら、すぐに5000円以上になってしまうからです。また、飲み会も1万円以上かかってしまうこともよくあります。結婚記念日にランチで予約の取りづらい人気レストランに行ったのですが、値段を聞かずにシャンパンをオーダーしたら1杯4000円で目玉が飛び出るかと思いました。外食費にはサービスチャージ（10％）と消費税（7％）の合計17％が上乗せされる上に、アルコール飲料への税金が高くつくからです。

日本だと、ぜいたくなランチをしてワインを1杯飲んだとしても、シンガポールの半額程度で済むことが多いです。また、日本では通常のランチの場合、1000円前後でコーヒーやデザートまでつくことが多いですよね。しかし、シンガポールで日本人や欧米人が好むようなおしゃれなお店でランチをすると、すぐさま2000円以上かかってしまいます。日本でも、将来的に消費税10％と軽減税率制度が導入されたなら、外食や酒類への消費税の課税が10％になる可能性があります。そうなると、今まで以上に交際費がかさむことになり、家計が苦しくなることが予想されます。

シンガポールがいくらお金持ちの多い国だと言っても多くの庶民は、そんな優雅なランチを頻繁に楽しむ余裕はありません。働いている人の場合、オフィスでの昼食はどうするのかというと、フードコートを活用するのが一般的です。オフィス街の周辺には、安価なランチを提供するフードコートがたくさんあり、サービスチャージはかからず、500円前後でランチをすることができます。イメージ的には大学の学食に近い雰囲気でしょうか。また、外食せず、お弁当を持ってきている人も多いようです。

このように、シンガポールでは外食費がかさむことから、ホームパーティやバーベキューをする機会が増えました。バーベキューの場合、バーベキューピットのレンタル、食材や酒類などの準備を含めても、10人前後だと、1人5000円程度で行うことができ、長居できます。食材の準備からお肉を焼くところまでをやってくれるシェフもいて、同程度の予算からお願いできます。ホームパーティの場合、主催者の負担が大きいので、一品持ち寄りパーティという形をとる場合も多いです。日本人主催の場合は手料理を持参する人が多いですが、外国人や若い男性が多いパーティでは買ったものを持ってきている人も多いです。

メリハリをつけて交際費節約

そして、こちらで多いのが、子供のバースデーパーティです。セレブ家庭でなくとも、バースデーパーティは普通に開催されています。コンドミニアムのパーティルームや、プレイグラウンドなどを貸し切るスタイルのパーティが多く、我が家も娘のバースデーパーティは、幼児教室を貸し切って行いました。予算は8万円前後かかりますが、日本の結婚式方式でゲストが3000円前後のプレゼントを持参するので持ち出しは減らすことができます。会場費に約4万円、軽食とお土産バッグに約3万円、ケーキに約1万円かかりました。シンガポールで流行っているのが3Dケーキで、立体的なキャラクターや動物、乗り物などのケーキが人気です。デザインや大きさにもよりますが、ショートケーキの場合は2キロ（20人分程度）で1万円前後。3Dケーキの場合は3万円近くかかることもあります。

また、社交といえばゴルフを思い浮かべる人も多いかもしれません。ゴルフ代が交際費の大半を占める人もいるのではないでしょうか。シンガポールでも、週末に友人同士でゴルフに行く人は少なくありませんが、シンガポールではゴルフ代も高いです。例えば、「マリーナベイゴルフコース」の場合、週末に18ホール回ると、2万円前後かかります（ビジター、ビザ保有者などによって料金が異なります）。毎週ゴルフに行くと、月に10万円程度かかってしまうわけですから、かなりの負担になります。ゴルフが趣味の人にとって、シンガポールは住みづらいところかもしれません。

このように、何かと交際費がかさむシンガポールでは、とにかくコストパフォーマンスがいいお店を探したり、安価で長居できるバーベキューやホームパーティを活用したりといったことが重要になってきます。私自身、シンガポールでの生活が長くなり、ひととおり行き尽くした感が出てきました（もちろん、まだ行けていないレストランもたくさんありますが）。そのため普段は自炊やコスパのよい飲食店を活用し、たまに美味しいものを仲の良い友人と食べるというメリハリが「交際費」を節約するには何よりも大切かなと、改めて感じています。やはり、飲食店は日本のほうが圧倒的に安く、サービスも料理の内容もずっとよいです。しかし、日本ではあまりにも「よりよいものをより安く」と消費者が望みすぎるので飲食店の経営が難しくなっているように感じます。多くのレストランではランチでは採算が取れず、ディナーでお酒が入って元がとれるのではないでしょうか。シンガポールのレストランはいきなり10％の値上がりを平気でしてくることもしばしばありますが、それで飲食店の経営が改善されるのであれば必要な値上げでしょう。

15年ぶりに東京でお気に入りの中華料理店に行ったのですが、ランチの値段が全く変わっていなくて驚きました。しかし、シンガポールにもよい中華料理店が多いからなのか満足度は以前よりも低く感じました。値下げ圧力や値段据え置き圧力が高すぎると、サービスや内容を削らざるを得ないでしょうし、業界全体が衰退していってしまわないか心配になります。

現金は持ち歩かない

シンガポールでのお金の支払い方はデビットカード、クレジットカード払いが一般的で、現金払いはフォーカーや一部のタクシーや友人と割り勘をする際など限られたシーンでの利用になります。

「現金の流通量とカード決済の国際比較」（現金の流通量とカード決済の国際比較２０１５年）によると、現金の流通量対ＧＤＰは日本19・４に対してシンガポール９・６、英国３・７、スウェーデン１・７などで、現金の利用割合はデータで見ても日本の半分以下です。

ちなみにシンガポールではチップを払う必要はありません。そのため、カードさえ持ち歩けば現金なしでもコーヒーを買うことができ、一日を過ごすことができます。カードで支払うことにより、お会計の待ち時間を減らすことができ効率的です。

例えば、こちらではカードをかざすだけで決済ができるデビットカードが普及しているのですが、財布から現金を出すのに比べるとずっと楽で、カードを店員に渡すこともないので安心です。

また、カードで支払うことによりポイントやキャッシュバックを受けることができる場合が多いので利用者側のメリットも大きいのです。

私が利用している銀行ではＡＴＭでの引き出しを規定の範囲内に抑え、ビザペイウェーブという決済方法を選ぶと５％キャッシュバックを受けることができる（上限あり）ので、できる限りその方法で支払うようにしています。

デビットカードはクレジットカードと違って自分の銀行口座の残高の範囲でほぼタイムラグなしで即時に引き落とされることが一般的なので、後払いのクレジットカードと比べて使い過ぎるリスクは低いです。

ほとんどの店舗でデビットカード、クレジットカードを利用することができ、タクシーもアプリにカード情報を登録しておけば降りる際にドライバーの処理を確認するだけで財布を出さずに済みます。子連れで荷物もあると財布を取り出すのが面倒なので非常に助かるサービスです。

また、スーパーもセルフレジが多く、現金以外のカード類で支払うことができます。セルフレジを利用すれば長蛇の列に並ぶ必要もないのでスムーズです。

これに対して日本ではデビットカードのしくみは整っているものの、利用者に広く普及しているとは言い難いです。プリペイドカードを持っている人は多いですが、種類が多く、場所によってはこのカードは利用できないというケースが多く非常に不便です。例えば、Ｓｕｉｃａがタクシーや駅ナカのお店や提携店などで利用ができますが、利用できない店舗も多いのでＳｕｉｃａだけを持って出かけるのは心許《こころもと》ないです。

そういうわけで現金を利用するケースが日本ではまだまだ多いのですが、利用者側もレジの係も手間暇がかかります。

日本では学校の授業料など大きなお金を支払う際には銀行振込が一般的ですが、シンガポールではクレジットカードや小切手払いが一般的です。インターネットバンキングなどで銀行振込ももちろんできるのですが、一日に振り込める上限額があるため、学校の授業料や住宅のリフォーム代など高額の支払いは小切手を利用する人が多いです。

お店から返金してもらう際に小切手で戻されるケースもよくあります。小切手を自分の銀行口座に入金をするには、自分の口座情報や連絡先を記入して、銀行の小切手ボックスに入れるだけです。通常、数日で口座に入金されます。現金より安全性が高いので小切手がよく利用されています。

私は外資系の金融機関で働いていたので業務中に小切手を見たことはありましたが、日本では小切手が使われるシーンはほとんどありません。お金の支払い方もかなり違いがあるので面白いです。

無料の「おもてなし」などない

「おもてなし」という美しい言葉がありますが、日本ではお金を払わなくてもおもてなしをしてもらえるお店が多いですね。例えば、開店時の百貨店では販売員の方が美しいお辞儀で迎えてくれます。飲食店ではおしぼりが出て、お茶も出してもらえます。子供向けにご飯やうどんを無料で提供する飲食店もあります。

しかし、シンガポールではこのおもてなしは無料では期待できません（日系のお店は別ですが）。おしぼりが出る店舗はほとんどなく、自分でウェットティッシュを持ち歩かないとなりません。お茶や水もお金を支払って注文しなければ出てこないお店もあります。

子供向けの食事も通常1000円近くの食事代を支払う必要があります。飲食店でサービスを受ければ、10%のサービス料を支払わなければなりません。サービス料がかからないお店ではレジまで行ってお会計をするなどサービスが削られています。

日本のようにお客様は神様ではなく、あくまでも働いている人と対等の立場だと思われているようです。良い面としては、働いている人もリラックスしていて雑談をしてきたり、生き生きと働いていることです。

また、利益率が高ければシェフや経営者などの収入も高くなります。

これに対して、日本の飲食店はシンガポールにある日系レストランも含めて価格の設定も低く、おしぼりや子供の食事など無料のサービスが多いです。もちろん利用者にとってはありがたいことですが、家賃の高いシンガポールではつぶれてしまう日系レストランも多いのです。結局リーズナブルで美味しいレストランがなくなってしまい、利用者にとっても長期的には不利益になります。

また、日系レストランではルールが厳しいあまりに疲弊している店員も多く感じます。日本の顧客もサービスに対してお金を支払うという海外では当たり前の常識を理解する必要があると思います。自分が飲食店で働くこと、自分の子供がアルバイトで働くことを想像すると、過剰な無料サービスは求められないでしょう。

一度、スーパーに買った物を置き忘れてしまい、わざわざ電話をしてキープしてもらいました。後で夫が商品を取りに行ったら、なんとその商品は他の客に売られてしまっていたのです。私が買ったにもかかわらず。改めて買おうとしたのですが結局、その商品は在庫切れでサイズが大きい物を買わざるを得ませんでした（差額のみ支払う形で）。

また、日本ではお会計の間違いにほとんど遭遇したことがなかったのですが、こちらでは本当に間違いが多いです。注文をしていないものがレシートに含まれていることも多いので、必ず内容を確認して間違いがあればすぐにお店に連絡をするようにしています。ひどい時は自分が支払った金額よりも多くお釣りが戻ってきたこともあったくらいです。

このように、サービスの質がまちまちで個性的な性格の店員が多いシンガポールですが、慣れると平気になってしまいます。

何よりも働く人が生き生きと幸せにいられるのが一番なのではないでしょうか。

フードコート利用で賢く時短

世界一物価の高いシンガポールですが、街には至るところにフードコートがあり、外食とテイクアウト文化です。「テイクアウェイ」と言えば、持参した容器に食事を入れてくれて持ち帰ることが可能です。食べ残したものもお願いすれば持ち帰ることができます。

日本では衛生面から食べ残しを持ち帰るのを許してくれる飲食店が少ないですが、シンガポールではほとんどのお店で持ち帰りができます。

その他にもテイクアウト専門店、デリバリーサービス、ジューススタンドなどが充実しているので三食しっかり作る人は少ないです。朝食から外食をする人も多く、カヤバタートー

ストとコピという お砂糖の入ったコーヒーを出すお店はテイクアウトをする会社員で朝の時間はいっぱいです。コピは安いお店だと100円程度で買えます。また、朝からお粥を振舞うフォーカーもあります。両親共に大学院卒の中流子育て世帯の友人宅もテイクアウトが多いです。一時、週の半分くらい会っていたのですが、週に2〜3回は調理済みのチキンを買って帰っている印象でした。たしかに、スーパーでチキンを1羽買うよりも調理済みのものを1羽買うほうが安いのです。忙しく働くママにとっては調理や洗い物の時間を短縮することができます。私も忙しい時は、あとは焼くだけの状態になっている和牛ハンバーグやパッキングされていて洗う必要のないサラダなどをスーパーで買うことも多いです。また、デリバリーサービスも便利でアプリで店舗とメニューを選べば、30分程度で配達してくれるサービスもあります。配達料も安く300円程度です。雨の日などはデリバリーサービスのバイクが忙しく街を駆け抜けていますが、配達員の多くは低賃金の外国人労働者です。

日本のワーキングマザーの多くは週末に大量に作り置きをしていますが、そんなことをしているシンガポーリアンはほとんどいません。私の日本人の友人がSNSに作り置きの写真の投稿をしていましたが、ローカルの友人が見て、すごいたくさんの料理を作って彼女は大家族なのかと質問をしてきました。週末も子供の習い事や自分達の余暇で忙しいからです。

専業主婦のローカルの友人も平日の食事は5分程度でできるワンプレート料理のみで、週末は外食をすることが多いようです。ほとんどを外食やテイクアウトにしても安いお店を活用すれば食費は2倍にはなりません。平均的なシンガポーリアンの食費（2人以上の世帯）は10万円程度（シンガポール統計局2012年10月～2013年9月世帯支出調査）なので、日本の食費月7万2866円（総務省2017年）と比べてやや高いようです。またそれで不健康かというとシンガポーリアンの平均余命は83・1で日本の83・7（WHO　2015年）とそれほど変わりません。シンガポーリアンの多くは合理的なので、家事はアウトソースして、浮いた時間で働くか子供との時間に費やすほうがよいと思っているのです。それにより掃除や配達や飲食店に仕事を与えているので経済は回りやすくなります。すべて自分でやろうとすると疲弊してしまいます。

日本のママも少しずつ家事を外注してもよいのではないでしょうか。

男性なら小遣い月3万円で暮らせる

はたして、物価の高いシンガポールでこのような節約は可能なのでしょうか。

答えはイエスです。シンガポールには月収9万円以下で働く低賃金の外国人労働者が多く、そうした労働者向けのお店も多いからです。リトルインディアにある市場で野菜を買えば抱えられないほど買っても100円程度です。

また、ムスタファという日本のドン・キホーテのような食料や生活用品などが安いお店もあります。そこで売られているインドの石けんやバスソルトなどは日本人観光客にも人気です。フォーカーを利用すれば1食500円以下に抑えることもできます。

私の夫はブランド物に全く興味がなく、お金を使わない人です。私と子供が日本に一時帰国をしていた1ヵ月の間、彼は3万円程度しかお金を使っていませんでした。特に節約をしていたわけではないようです。日本で生活をしていた時は倍くらい使っていたので、ファッションや食に興味のない人はシンガポールのほうが節約をしやすいようです。その理由として、シンガポールは買い物以外の娯楽が少ないことが挙げられます。スポーツ、観劇、ライブなどが趣味の人はつまらないかもしれません。映画館や書店などもほとんど英語コンテンツです。そのため、インターネットの見放題の動画コンテンツサイトや電子書籍を利用することが多いです。シンガポール動物園やユニバーサルスタジオの入場料も高いですが、年間や半年パスなどが安価なので、それを買って平日によく行く家族も多いです。在庫処分セールも多いので、セールを上手に利用すれば衣料品や生活用品を日本以上に安く購入することも可能です。友人と会うのもホームパーティにすれば安価です。

物価の高い国ですが、家賃、医療費・保険料、教育費以外の部分はなんとか節約が可能です。永住やロングステイを考えている人の場合、永住権を取得してHDBを購入したり（永住権取得後に一定期間を経過したら購入可能）、永住者価格で公立校に行かせると固定費の節約になります。

客の財布の紐がゆるむうまい戦略

「80%＋10%割引」「1つ買うと1つプレゼント」など、シンガポールで買い物する際には様々なおトクから誘惑を受けることになります。私もシンガポールにいると、街の雰囲気から財布の紐がゆるむという現象に悩まされています。

半年に一度の割合で日本に1ヵ月程度帰国をすると金銭感覚がリセットされるので、同じ人でも街の雰囲気によって消費が変わるのだと痛感します。個人の資産形成としては日本で生活をしたほうが貯蓄ができてよいのですが、政府としては国民にお金を使わせてより働かせるというシンガポールのほうが優れているでしょう。

シンガポールには年間約1500万人もの観光客が訪れます。2013年の観光収入は約

2兆円（うち買い物での収入は約4000億円）でGDPの約7％にも及びます。2016年に日本に訪れた観光客は約2400万人ですが、人口から考えるとシンガポールの観光客の多さには目を見張るものがあります。

6月上旬から8月中旬頃に国を挙げてグレートシンガポールセール（GSS）が毎年行われるのですが、2014年のマスターカード所有者による支出は約1643億円（うち外国人入国者による支出は約504億円）で2010年以降の取引件数は毎年150万件ほど増加をしています。マスターカードは一定額以上購入すると数量限定で最大10％還元のバウチャーを贈答するキャンペーンを年2回ほど行っていたこともありました。

私もこのキャンペーンがおトクだと思い、必要な物を何回かに分けて購入し、その都度バウチャーをもらうようにしていました。しかし、おトクではあるのですが、最終的に買い物総額が増えてしまい、カード会社の意図に誘導されてしまったと少し反省をしました。

シンガポールのセールが魅力的なのは、国、デパート、ブランド、クレジットカード会社などが一斉に販売促進をかけるからです。ブランド品が半額以下になる上に、カードの割引に加えて、モールのプレゼントもあるといったおトクの二重、三重取りが可能な場合もあります。

シンガポールで販売されている物のほとんどは欧米からの輸入品なので定価は生産国よりも高く設定されていることが多いのです。しかし、セールでの割引率が高いので、その落差からセール品に飛びつきやすくなってしまいます。また、セールの開始時期も早いために、生産国で定価で販売されている時期に、いち早くセール価格で購入することも可能です。プラダなど日本ではあまりセールをしないような高級ブランドも一部半額セールをするのも魅力です。ルイ・ヴィトンやエルメスなどを除くほとんどのブランドが半額に近いセールを行います。

対する日本はセール開始時期も遅く、割引率も低いです。そのため、シンガポールにいる時のように、「この有名ブランドを、この価格（8割引きなど）で!?」といった、今買わなければならないといった理由付けになりにくく、セールでも財布の紐を引き締めてしまいます。シンガポールで買うか欧米のネットショッピングのサイトで買うほうがおトクだと感じるからです。日本では百貨店の経営が厳しくなっていますが、シンガポールに見習ってより魅力的な販促を考える必要があるのではないでしょうか。

経済効果１３０億円の市街地レース

シンガポールでは例年9月にシンガポールグランプリ（SGP）というF1レースが行われます。シンガポールでのF1は公道を使用した市街地レースなので、レースに使われる道路はその間封鎖されます。

F1だけではなく自転車のレースなどでも特定の道路が封鎖されることはよくあります。そのため、レースがある時にその周辺に行きたい場合は地下鉄を使うなどをして移動をしなければなりません。

とはいえ期間やエリアが限られているので日常生活にそれほど支障はありません。レースは3日間行われるのですが、レースだけでなく連夜ライブもあり、過去にはボン・ジョヴィやカイリー・ミノーグなど世界の著名なアーティストがパフォーマンスを行いました。

また、VIPの優待としても機能しており、アジアの金融関係者や中東のオイルマネーの王族やグローバル企業のトップなどが外交をする場にもなっています。VIP専用観覧スペースが準備されており、そこで飲食や社交を楽しむことができます。

国を挙げたお祭りのために経済効果も大きく、この時期のホテルはほぼ満室となり、料金も倍以上に跳ね上がります。飲食店の売り上げが30％増の店舗もあるほどです。

夫も3年連続でSGPを観戦し、会社の同僚も日本からやってきていました。私も201

7年に初めて観戦をしましたが、おしゃれな屋台などが出ていて会場の雰囲気もよく、ライブも楽しいのでF1好きではなくても十分に楽しむことができます。

シンガポール政府観光局によれば、F1による経済効果は2008年から2014年までの平均で年約130億円。もちろんかかる費用が大きいため、多くはスポンサーをつけます。

シンガポールには日本のような自動車メーカーはなく、有名レーサーもおらず、主催をして場を提供しているだけなのに、これだけの経済的な恩恵を毎年受けているのです。

日本でも鈴鹿《すずか》サーキットでF1日本GPが行われていますが、海外から訪れるとなると交通が不便です。中部国際空港から2時間程度かかるので海外からの観光客を多数取り込むのには厳しい条件です。

例えば、東京のお台場などアクセスのよい場所で市街地レースを行うことができれば、海外から多くの観光客やVIP顧客を取り込むことが期待できます。日本はご飯も美味しいので、シンガポール以上のおもてなしができるのではないでしょうか。ただし、そのためにはVIP用の観覧席などは必須です。

売り上げを上げるためには、皆が平等という発想は捨て、取れる人から取るというシンガポールのような発想を持つべきでしょう。

日本で市街地レースを行う場合、初期投資も必要になり、住民の反対も予想されますが、その経済効果は大きいので検討すべきではないでしょうか。

国際会議や医療旅行でがっちり儲ける

シンガポールは、Ｆ１やカジノやショッピングだけではなく、ＭＩＣＥや医療旅行の推進も行っています。

ＭＩＣＥとは、企業の会議（Meeting）、企業の行う報奨・研修旅行（Incentive Travel）、国際機関・団体、学会等が行う国際会議（Convention）、展示会・見本市、イベント（Exhibition/Event）の頭文字のことで、多くの集客交流が見込まれるビジネスイベントなどの総称です。

多くの人が集まるので通常の観光以上に大きな経済効果が見込めるだけではなく、ビジネスやイノベーションが生まれることが期待でき、開催国への信頼も高まります。

シンガポールの国際会議開催件数は都市別だと１位で、東京は６位です（Union of International Associations ２０１５年）。

シンガポールの取り組みとしては、マリーナベイサンズなど施設の提供だけではなく、主催団体に開催支援金を支給したり、イベントの告知のサポートなど多彩な支援を実施したりしています。

マリーナベイサンズのコンベンションセンターで毎年行われている宝石の見本市に行ったことがありますが、石の状態で売られているものや安い宝石もあって、多くの人が買い求めていました。

また、医療旅行の推進にも積極的です。シンガポールは「医療は産業である」という観点のもとに医療の国際競争力を高めて国外からの外来・入院患者を獲得する医療ツーリズムを国家戦略として掲げて成功をしています。

シンガポールの医療機関が人気な理由はアジアの高水準で先進的な医療サービスを受けられることに加えて、米国と比べると治療費は低く合理的な費用という理由で米英などの患者も多く訪れます。英語と中国語が通じるというのも大きいでしょう。

また、マレーシアやインドネシアなど近隣の富裕層は、よりよい医療を求めてシンガポールを訪れます。ここでもＶＩＰへの対応は徹底され、スイートルームなどプライベートの確保やプライベートジェットやドクターヘリなどの利用もできます。

保険会社とのやりとりも医療機関が行ってくれることが多いです。例えば、マウントエリザベス病院は一般外科、心臓外科、神経外科などのスペシャリストがいて、最新の医療設備が充実し、ホテルのようなホスピタリティーです。

子供が骨折をして緊急外来に駆け込んだ時も30分ほど待っていたら整形外科のスペシャリストが駆けつけてくれました。処置も的確で早期に完治しました。英語ではありますが、日本と比べて遜色のない医療サービスを受けることができるので安心感があります。

シンガポールの私立の病院は自由診療なのでビジネス色は強いですが、最先端のガン治療、美容などアグレッシブに新しい技術を取り入れています。２０１０年に医療目的でシンガポールを訪れた旅行者の数は70万人を記録し、約７５０億円を消費し、その数と金額は増え続けています。

日本にも医療を目的とする訪日外国人は増えており、その多くは中国からの旅行者です。外国人の医療費は１００％自己負担で渡航費や宿泊費もかかりますが、自国よりも安心安全な医療を求めてやってくるのです。

海外から医療を求める渡航者が増えると国民に不利益はないかという危惧もあります。シンガポールでは政府系の医療機関では海外からの患者を緊急時以外は原則受け入れていません。医療ツーリズムで来る外国人が利用するのは自由診療の私立の病院です。私立の病院だと、例えば内視鏡の検査も10万円前後と高額です。

シンガポールでは国民は政府系病院やポリクリニックと呼ばれる公立診療所（料金は安いが、医師免許取得後間もない医師が診療を担当する）を利用し、富裕層や外国人は私立の病院を利用するという形で棲み分けが行われています。

日本人の感覚からすると、医療までもビジネスにしてしまうのは不快感を覚えるかもしれません。

ですが、日本もシンガポールとまではいかなくとも、医療機関の合理化を進めていかないと医療費が増大し財政を圧迫するばかりです。

第五章　シンガポールリッチの暮らし

家はリゾートのヴィラより立派

シンガポールには超富裕層がたくさんいます。街中はフェラーリがバンバン走り、高級バンガロー（一軒家）が建ち並ぶエリアも複数あります。

セントーサコーブには個人所有のクルーザーが停泊するエリアもあります。シンガポールでは所得税が低く、キャピタルゲインに対して税金がかからないので世界中から大富豪が集まるのです。

また、欧米のような階級社会でもないのでニューリッチもウェルカムに迎えてくれます。例えば、共働きの一般的なカップルの場合も、収入の大部分を手元に残すことができ、稼いだお金を株や不動産で殖やせばお金持ちになることも可能ですし、贈与税や相続税もないので祖国の税制にもよりますが、子供や孫の代にも資産を引き継がせやすいです。

ボストンコンサルティンググループの「世界の家計金融資産に関する調査」（２０１４年）によると、国別で金融資産が1億ドルを超える超富裕世帯の割合が多い国・地域は、1位が香港（10万世帯あたり15・３世帯）で2位がシンガポール（同14・３世帯）でした。いずれも税金の優遇を与えることによって、富裕層を呼び込んでいるのです。

オーチャードの裏にあるプール付きの高級バンガローに招いてもらったことがあるのですが、私が泊まったことのあるどのリゾートのヴィラよりも立派でした。リビングだけで100平米以上ありそうで、天井も高く開放感がありました。

自家用車の購入費用は日本の3倍程度するのにもかかわらず、駐車場にはメルセデス・ベンツが2台駐《と》まっており、メイドが常に掃除をしているので塵一つ落ちていません。

5人の子供達はすべて名門インター校に通っていて、フェンディなどブランド服を身につけています。

欧米人のセレブ妻は生活感が全くなく、エクササイズで引き締まった身体におしゃれをしているので美しいです。

本当のセレブはアクセサリーや持ち物や洋服など高級ブランドを身につけています。欧米企業の役員レベルになるとこれくらいの生活ができるのですが、日系企業の場合は役員レベルでもこれほどの生活レベルを維持できる人は少ないです。

また、不動産価格が数十億円するセントーサコーブに住むインド系の友人の一軒家も3階建てで広く、駐車場にはフェラーリも含めて車が3～4台とバイクが数台駐まっています。使用人は2人、運転手が1人、奥さんは料理の仕方も分からないくらい筋金入りのお嬢様というかお姫様です。セントーサコーブに住む奥様達は巨大なダイヤモンドのアクセサリーに、エルメスの洋服や靴や鞄を身につけているので身なりですぐにお金持ちだと判断できます。ですが、とても気さくで私のような庶民も自宅に招いてくれたりもします。

日本人にない上昇志向

また、中華系はブランド品が大好きで、学校の集まりには有名ブランドのバッグや靴に加えて、ルイ・ヴィトンのショールやロゴ入りTシャツなど何のブランドか一目でハッキリと分かるファッションで来る人も多いです。

「このブランドの洋服は高いけど、ブランドのロゴがハッキリと見えないからお金を支払う価値がない」――中華系と一緒に買い物に行った時に言われたこの言葉に頭をハンマーで打たれたようなショックを受けました。

たしかに、素材がよい洋服を身につけていても後から写真で見返すと、全く高く見えないことがあります。その点、ブランド品は一目で誰が見ても高いと分かり、詳しい人は瞬時に値段を計算することができるので、その商品を購入する経済力があるということを他人に容易に証明することができます。使用した後に中古市場で売ることも可能でしょう。

そして、シンガポーリアンも含めて中華系は物質主義的なので、ブランド品を身につけていると対応が変わることもあります。私は職業柄、身につけている物からその人の資産や収入などをマンガ『ドラゴンボール』のスカウターのように、ざっくりと予測ができ、あながち間違っていないなと感じるほどです。

このように、ちょっとバカらしいですが、シンガポールなどの新興アジアには「エルメスのバッグを持ちたい」「家には執事が欲しい」などといった上昇志向という夢があってよいなと感じました。日本の若者の多くはこうした欲望に完全に蓋をしてしまっていて、潜在意識の底にはあっても言葉にはしてはならないという雰囲気があるからです。

また、シンガポールに来ているインド人は自国でのトップ1割の層も多いのですが、ブリティッシュアクセントの綺麗な英語で、身につけているスーツもテイラーメイドなど上質な物で洗練されている人が多いです。

富裕層向けにマーケティングもされているので高級ブティックや素敵なカフェやレストランも多いです。日本にいると物欲があまり湧かなかったのですが、シンガポールで生活をしていると今まで蓋をしていた欲が飛び出してきたような感じになります。起業や株式投資などリスクを取ってでも上昇したい、よい暮らしを送りたいと。そして、政府が起業などの支援や税制の優遇をしているのでリスクを取りやすいのです。

また、日本では富裕層は贈与税・相続税で資産を没収される上に目立たないようにしていないと叩かれたり、妬まれたりしやすいですが、シンガポールではそんな心配はありません。何しろ超富裕層を含めた富裕層が多く、富裕層や成功者や高学歴な人達を崇拝する文化だからです。

日本では子供に分かりやすいブランド服を着せていて嫌みを言われたという話もよく聞きますが、シンガポールではGUCCIなどのロゴが入ったブランド服を着せている人が多く、むしろ着せたほうが富裕層とファッションの会話ができて得をします。富裕層の友人を1人見つければ自分では知り得ないような情報にアクセスすることができ、会員制クラブの紹介や推薦なども受けることができるからです。自分の信用もひとつ上がります。

共通点が一つでもあれば富裕層とも仲良くなれるシンガポールは毎日がとても刺激的です。

シンガポール在住の大富豪

シンガポールには有名な大富豪達がたくさん住んでいます。

例えば、世界的な投資家ジム・ロジャーズ氏や長者番付でも上位にランクインされているフェイスブックの共同創業者であるエドゥアルド・サベリン氏、スペインのサッカーチーム・バレンシアのオーナーとして有名なシンガポールの投資家のピーター・リム氏など。「フォーブス」の長者番付に名を連ねる大富豪の多くは不動産、投資家、石油取引、銀行業などが目立ちます。長者番付トップは不動産デベロッパー業を営むファーイーストオーガニゼーションの子息達で約1兆の資産を保有しています。

しかし、日本の長者番付（2018年）を見ると、ファーストリテイリングの柳井正氏は2兆2１0億円、ソフトバンクの孫正義氏は2兆930億円、サントリーホールディングスの佐治信忠氏は1兆8850億円を保有しており、シンガポールの長者番付トップ以上の資産を保有していることになります。このように日本の長者番付上位は企業の経営者が名を連ねています。日本のメディアはあまり日本のお金持ちのことを報道せず、イメージからかシンガポールの富裕層を取り上げる傾向にありますが、日本の富裕層のほうが多くの資産を保有しているのです。経済成長が鈍化しているとはいえ、まだ世界ナンバー3のGDPを誇るからです。こうした一部の富裕層の影響やバブル時代の印象もあって、シンガポーリアンからすると、日本人はまだお金を持っているように思われています。

シンガポールに住む著名な富裕層の日本人としては、エイベックスグループ代表取締役社長CEOの松浦勝人《まさと》氏と妻の畑田亜希氏、村上ファンド事件で有名になった村上世彰《よしあき》氏、医師と結婚してシンガポールに移住をしたフリーアナウンサーの中野美奈子氏などが挙げられます。一時期世間を騒がせた投資好きのタレント・松居一代氏もシンガポールに住んだことがあるようです。街やコミュニティが小さいので、こちらが一般人でもパーティやカフェなどで著名人を見かける機会が多々あります。

「あの人、日本で騒がれているけど、シンガポールにいるのね」といった具合に、日本ではあまり身近で出逢うことのない人にも出逢う機会があり面白いです。例えば、マレーシアの空港で暗殺された金正男《キムジョンナム》氏もよくシンガポールに出没していたようで、SNSに彼と一緒にいる写真を上げていた若い女性もいました（事件後、女性のSNSアカウントは閉じられました）。

ジム・ロジャーズ氏を街中で見かけたという友人もいますし、元タレントやグラビアアイドルの人なども見かけます。中華系や欧米系も多く、それぞれ外見がよく似ているので見分けるのが大変ですが、街中で人を観察していると簡単に大富豪に出逢えそうです。

私は以前にテレビの街頭ロケで銀座の街中にいる人達のお財布の中身を数時間チェックし

たことがあるのですが、その時に所持金で一番多かった人は20万円程度でした。しかし、シンガポールでは長財布に溢れるほどの100ドル札の束を入れている人をたびたび見かけますし、1000ドル札（約16万円）を持ち歩く人もいます。お札を1枚ずつ手裏剣のように投げて店員に拾わせていた中華系を見た時は驚きました。そういったことは動画の中の世界だけだと思っていたからです。

また、買い物は即決で大量に買っていきます。カジノのVIPルームも中華系が溢れ、ギャンブル好きも多いです。女優のように美人な中国人のママ友も、「妊娠前はマリーナベイサンズと言えばカジノに行っていて、バカラを楽しんでいたのよ。今は子供も小さいし買い物くらいね」と言っていて驚きました。日本のお金持ちはひっそりと隠れている印象ですが、中華系は勝ち気で派手な人も多く、驚かされます。

シンガポールリッチのマネー哲学

超富裕層の割合が香港に次いで高いシンガポールですが、富裕層と知り合う機会も多く、日本人とはマネー哲学が違うので驚かされます。第一に、お金持ちは一般人と思考が違います。『思考は現実化する』というナポレオン・ヒルの大ベストセラーもありますが、思考はその人の行動を作り、行動の積み重ねは未来を決めていきます。お金持ちが多い中華系シンガポーリアンは望むライフスタイルやビジネスの目標を明確に持っており、日々どのような行動が必要なのかをよく理解しています。

また、お金が大好きでよくお金の話をすることで情報収集をし、お金に対する執着が人一倍に強いのです。日々のせせこましい節約というよりは、条件のよい金融機関を探したり、交渉をしてよい条件を引き出したり、共働きや給与交渉をして収入を上げる努力をしている人が多いです。日本で数多くの家計簿診断をしてきましたが、「収入が増えないから」「子供が小さく、働けない」「投資はリスクがあるから」という言い訳で収入を上げたり、運用をして利益を追求する努力をしている人が少ないと感じます。

日本ではお金の話をするのははしたない、強欲はよくないという考え方が浸透していいます。それは美しいことですが、情報共有しないことで外国では高値摑みさせられることもありますし、自分が望まないものを手にすることは難しいことです。

まず、自分自身が変わろうと強く望まない限りは富裕層にのし上がることはできません。なにせやり方を根本から変えなければならないのですから。建国の父で長者番付にもランクインしていたリー・クアンユーは１９６７年の東京の外国人記者クラブで次のような言葉をスピーチしました。

「もつ前に欲すること。そして、欲するには、何を欲しているのか知るための手段がまず必要です。次に、近代経済の基盤となる産業資金など、欲しているものを獲得するには統制と組織化が必要です。第三に根性と持久力がいります」（『目覚めよ 日本　リー・クアンユー21の提言』たちばな出版）

日本人の多くが自分自身どうなりたいのか、ハッキリとした将来の方向性を見出せておらず現状に甘んじているように感じます。

「収入はこれくらいで」「宝くじに当たったらいいな」「投資や起業なんてこわい」――しかし、宝くじで1等を当てる確率は交通事故に遭う確率よりも低く、リスクをとらずに一般庶民が富裕層にのし上がることは難しいです。

「なぜお金持ちになりたいのか」「どうしたらお金持ちになれるのか」を真剣に考える必要があります。例えば、「自分の子供によりよい生活を与えてやりたい」という理由でもよいと思います。次に目標を実現させるシステム作りが必要です。

目標収入を設定し、会社員のままでは届きそうになければリスクをとって起業をしたり、投資をしたりするのも手でしょう。漠然とした願望をできるだけ、具体的に思い描き、実現可能なレベルに近づけていく必要があります。

私達日本人はいつまでも過去の成功体験の上にあぐらをかいてはいられません。新興アジア諸国のお金持ちを見習って強い願望、情熱を持って、それを前に進むパワーに変えていかなければならないと感じました。

富裕層は「金融体脂肪率ゼロ」

第二に、お金持ちは投資に対する考え方が違います。長者番付上位に名を連ねる人物は不動産や投資や事業で財をなした人がほとんどです。会社員として働き、貯金をし続けても大富豪になることはまず難しいです。ただし、会社員でも給料の大部分を株式にコツコツ投資をし続けて、50代で2億円の資産を作った人も身近にいます。

お金は寝かせておくだけではなく、将来価値が上がるものに投資をし続けていかなければ殖えていきません。シンガポーリアンの多くは持ち家を保有しており、国が経済成長をしていることもあって不動産価値も高いので不動産が資産になります。また、若い女性でも投資用の不動産を持ち、外国人向けに貸し出していることも多いです。

富裕層は資産価値があるものしか買いません。例えば、高級不動産、高級車、ロレックスなどの高級時計、エルメスのバッグなどは上手く回せば買った値段より高く売れる可能性も大いにあります。最初に種銭《たねせん》さえあれば、使用したのにもかかわらずより高い値段で売却をすることができる場合があるからです。

ダイエットに例えるなら、富裕層は金融体脂肪率がゼロに近いと言えます。低糖質ダイエットをしている人は糖質を極限に減らし、たんぱく質など筋力になるものを摂取します。富裕層も糖質であるラテマネー（カフェ代など日々何気なく出て行くお金）は極限にまで減らし、交際費や資産価値の殖えるものだけにお金をかけるようにしているのです。この生活を習慣化しており、子供にも引き継ぐのでなるべくしてお金持ちになっているのです。

将来の年金も自分自身で金融商品を選択して殖やしていかなければ老後生活もおぼつかないと思います。そのため、リスクを取って投資をすることに日本人以上に慣れています。

また、富裕層ほど子供の教育への投資が大きいです。どのような教育を受けてきたかという学歴によって将来の進路が決まり、エリートコースに乗れないと逆転が難しいからです。日本では大学受験や就職活動などで一発逆転もありえますが、海外のエリートコースにのせる場合は2ヵ国語以上の語学教育に加えて、芸術活動や課外活動も評価対象となるために幼少期から準備をしないと間に合わないこともあります。そのため、投資収益率が高いと言われている幼児教育への投資が過熱しているのです。

日本人の多くも、足りない年金を確定拠出年金（401k）などで運用をし、次世代のリーダーを作るためにも人的投資をする必要があります。

仲間と協力し上を目指す

第三に、お金持ちは「信用」を何よりも大切にします。海外では子供の学校やMBAの受験、ホテルのメンバーシップ制度への加入など何かにつけて紹介状が必要です。大物からの推薦を受けることができれば、一般人でもそのコミュニティに入れる可能性が高まり、世界が広がります。まるでフランスの社交界の現代簡易版のように感じます。

シンガポールで生活をして痛感したこととして、欧米社会（シンガポールも一応英国文化）では富裕層のほうが得をするしくみになっているということです。日本でもデパートの外商サービス（上顧客に対して優待割引や駐車場無料などのサービスを提供）などがありますが、シンガポールの多くのお店でもメンバーシップ制になっており、ランクに応じた特典（割引など）を受けることができます。ランクを上げるには日頃からの関係性と金銭的な貢献が必要になります。

また、銀行でも預け入れ金額が多い優良顧客ほど手数料が低く、預け入れ金利の条件やサービスもよくなります。庶民でも種銭を貯めて、優待を受けられるクラスになれれば、一般よりも安い価格でよいサービスを受けることができるのです。

日本では平等が望ましく、あからさまにランク別にしてサービスを分けるということは少ないですが、対価に見合ったサービスを受けるのが世界の標準です。そのほうが庶民の上昇意識が高まるという利点もあります。

また、中華系は仲間で協力をしてより上のレベルを目指します。それぞれが別のメンバーシップになって、友人同士で特典を共有するのも日常茶飯事です。ビジネスでもお互いに助け合って上昇していこうとする民族です。これに対して、日本は出世争いで他人を蹴落とす文化がある気がしてなりません。周りの人と一緒に成長をしていける文化をはぐくむ必要があるのではないでしょうか。

シンガポールの富裕層から学んだ哲学は、「まずは自分がどのような仕事をし、どのような生活を送っていたいのかビジョンをしっかりと描く」「理想と現実との差を埋める方法を考える」「自分の力で及ばない場合は周りの助けも借りる。そのために日頃から人脈や信用を大切にする」ということです。

私自身、日本でこれまでやってきた仕事に満足をしていた部分がありました。しかし、シンガポールという新しい土壌でゼロから再スタートをして、夫婦で起業をして海外でも生き抜ける人になりたいと心から願うようになっていきました。

富裕層の節税対策

「シンガポールに来ているのは節税のため」——そんな人が多いのは有名です。

日本でも消費者金融大手・武富士（当時）創業者の長男の、香港に居住地を移した上で海外資産の贈与を受けるという節税に対して、非居住者の認定を巡って裁判所で争われました。判決では贈与税課税が認められず、海外居住を利用した節税が広く知れ渡ることになりました。世界の富裕層は国際税務を熟知して（あるいは税務アドバイザーを雇い）、どこの国で働き、どこの国で資産運用をして、どこの国に居住するのが有利かを考えて自分の拠点を決めています。その拠点は目的によって複数に分かれていることもしばしばあります。

シンガポールは相続税や贈与税はかからず、キャピタルゲインも非課税、所得税の最高税率は22％、法人税は17％と税率が低い国です。また、シンガポールの居住者になっても、年金など国外で発生した所得には基本的には税金はかかりません。そのため、外国人がビジネスを興して働いたり、資産運用をしたりするにはとても有利な国なのです。例えば、シンガポールには「EntrePass」という制度があり、先進技術を活用した医療・環境などイノベーティブな分野で一定以上の要件を満たした上で事業を行う場合には、雇用の承認と居住のビザが与えられます（カフェやフードコートなど認められない事業もあります）。家族を連れてきたり、更新をするには一定以上の売り上げやローカルスタッフを何人雇わないといけないなど条件が上がっていきます。投資用永住権のGlobal Investor Programme（ＧＩＰ）に関してはハードルが高く、年商が約40億円あって、約2億円で新規事業を立ち上げるか既存事業の拡大に投資をする、もしくはシンガポールにベースを置く企業に投資をするＧＩＰファンドに約2億円投資をする必要があるなど要件も厳しいです。シンガポール政府のサイトにはビザの要件など最新の詳細な情報がすべて載っているので情報を取ることができます。

シンガポールでいくら税率が低くても日本で税金をとられるのではないかと思う人も多いでしょう。しかし、日本国籍を持っている場合も非居住者になると税金が変わってきます。非居住者になると、日本で発生する所得に対しては日本の税金がかかりますが、外国で発生した所得は原則日本では課税されません。そのため、シンガポールで働いて得た収入に関してはシンガポールで税金を納めることになります。

また、相続税・贈与税に関しても渡す人ともらう人の両者が国外に10年以上居住し、財産が国外財産の場合は日本では原則課税されないことになります。シンガポールのような相続税・贈与税が非課税の国に居住している場合は、両国で課税されないというケースも出てきます。

ただし、武富士創業者の長男のケースでは非居住者の判定が争点になったので日本からの転出など手続きをしっかりとし、国外に居住をおいていることを証明できるようにしておかなければなりません。

しかし、日本のように非居住者への優遇のない国もあります。アメリカで国籍や永住権を保有している人は原則として国外に居住していても本国に税金を支払わなければなりません。そのため、フェイスブックの共同創業者であるエドゥアルド・サベリン氏のように米国籍を放棄する人もなかにはいます。お金のために国籍を放棄する人や居住権を得て海外に渡る人も世の中には多くいて驚かされました。高齢のシンガポーリアンでも子供を頼りにオーストラリアなどの海外に渡っていく人もいます。日本人ならばこれまでの交友関係を捨ててまでお金のために海外に渡るという高齢者は少ないのではないでしょうか。英語ができることが大きいのでしょうが、フットワークの軽さに驚かされます。

なお、日本やシンガポールは二重国籍を認めない国ですが、世界には二重国籍を認める国もあります。そのため、パスポートを2つ以上持ち、使い分けている人もいます。中華系の富裕層に多いのが、出産前に渡米をし、米国で出産をして子供に米国パスポートを取得させるという手法です。

シンガポールにも永住権取得を手助けするコンサルタントがおり、シンガポールなど税制のメリットが大きい国で永住権を取る外国人も多いです。世界の富裕層はどこの国で何をするのが有利かという情報を熟知しており、それを忠実に実践しているところがすごいです。

日本人セレブ妻カースト

「世界の日本人妻は見た！」（MBS）でもシンガポールセレブ妻が紹介され、その華美な暮らしぶりにネット上でも賛否が上がったりもしました。

テレビで紹介されていたのは、「TSUBAKI」というシンガポール在住で国際結婚をしている日本人女性の会に所属しているセレブ妻達でした。シンガポールの夜景を背景に華やかな衣装でワインを楽しむ姿やプール付きのコンドミニアムの自宅が映されたりして、さぞ華やかな生活を送っているように見えたのだと思います。ブログやインスタグラムに華やかな生活を上げている人達もいます。

しかし、映像や写真などは一番華やかなところを切り取って誇張して映すことができます。南国の暑いシンガポールでは集合施設にプールが付いているのはめずらしくありません。日本では冬季は寒く温水にしないと利用できないので、プールを一年中所有することは割高になります。そのため日本ではプールは貴重で、プール付きといえばお金持ちのイメージを持ちます。しかし、こちらでは公共の公園などでも水浴びの場所はたくさんあります。なにしろ炎天下、長時間歩けないほど暑いので、涼む場所が必要だからです。

また、シンガポールの住居は床が大理石で天井が高く広いので一見ゴージャスですが、アリが出るなど細かい作りは日本よりも劣ります。映像では一見華美には見えますが、日本人の多くの妻はシンガポールではごく一般的な生活を送っています。

シンガポールセレブ妻には日本人経営者や外国人駐在員（国によっては日系企業より収入が高い）や富裕層シンガポーリアンの妻達がいます。「ママカースト」という言葉がありますが、金銭的に成功をした経営者や投資家の妻などが一番上層に、その次に商社や金融などのエリート駐在員の妻が位置します。

私はセレブ妻ママ友の集まりには、面倒なので自己紹介の際に自分のことを説明しないことも多いのですが、居場所がないような対応を受けたこともありました。後にフェイスブックでつながって相手の対応が変わるということもありましたが、自分の立場というよりは妻としての立場で判断されることが多く、窮屈に感じることもあります。

２０１６年に放送された「砂の塔　知りすぎた隣人」（ＴＢＳ）でも東京のタワーマンション内のママカーストが描かれていましたが、日本人が多く狭い世界（２人を介せば大抵つながるくらい）のシンガポールでも日本人コミュニティ内でのママカーストはあると感じます。

ただし、多くのセレブ妻は面倒見がよく、働き者です。ホームパーティを頻繁に開くのも夫の仕事の接待のためで、手料理は最高のおもてなしだからです。日本人のセレブ妻に共通するポイントとして料理上手というのが挙げられます。日本の手料理で外国人におもてなしをしたりして感心します。

ウェブマガジン「東京カレンダー」の「シンガポール大逆転」という連載で、海を渡ってシンガポールで一発逆転の婚活をする日本人女性が描かれていますが、国際結婚は一見華やかにも見えるのですが、文化の違いもあり、日本人との結婚以上に緊張感を伴います。「ハーグ条約」という、大雑把には子供の人権を守るために子供がそれまで住んでいた国に送り返す条約があります。日本では別居や離婚をして子供を連れて実家に帰ることはよくありますが、ハーフの子供を国境を越えて日本へ連れて帰ることは相手の合意なしにはできず、してしまえば誘拐犯として指名手配されることもあります。

また、当然ですが外国人男性のすべてがお金持ちのわけではありませんので、結婚をして経済的にも恵まれず、苦労も伴うケースもあります。日本人の女性は東南アジアでは特に人気ですが、逆にこちらのお金目当ての男性もなかにはいます。テレビなどで取り上げられている大富豪などはあくまでも一握りの例外ケース。中華系の富裕層男性はすでに大人気で、グローバルレッドオーシャンなのです。

「駐妻」たちの日常

駐在妻がファッション雑誌を飾った時代もあったほど、「駐妻」というのが一つのブランドにもなっています。インターネットで「駐妻」というワードを入れて検索をすると、「駐妻になりたい」「駐妻勘違い」などと言った憧れとねたみの感情がこもったキーワードが出てきたりもします。シンガポール駐在を経た後に日本に戻って、「キラキライメージ」を持たれてしまい、日本で友人が作りづらかったという女性の話を聞いたこともあります。実際にシンガポールの駐在妻達の日常はどういったものなのでしょうか。

駐在妻というと、5000円前後するランチやアフタヌーンティーを楽しむといったイメージがあるかもしれません。たしかに子供が未就学児で教育費の負担が低い家庭では、たまのランチでそういったことはあります。

しかし現実は、毎日豪華なランチという人はほとんどいません。なかにはオーチャードなどシティエリアのコンドミニアムに住み、外国人家事労働者（ヘルパー）付きで優雅な暮らしをしている駐在妻もいます。しかし、日本人の駐在妻の多くは親戚もいない中でヘルパーも雇わずに家のことや子供の世話をこなしています。

また、日本にいた時のキャリアや交友関係を手放して海外に来ている人も多く、得るものも多いですが、不自由さやストレスも実は多いのです。特にキャリアを手放すことによる逸失コストは働かない期間にもよりますが、非常に大きいです。前述の「国民生活白書」のデータから計算をすると、育児休業を2年間取得して36年間働く場合、失うお金は約1900万円と比較的少なく済みます。一方、出産後退職をして8年間のブランクを経て再就職する場合、正社員として復帰するケースの逸失金額は約1億円、パートとして復帰するケースの逸失金額は約2億2800万円になります。

日系企業の場合、任期は2〜3年の駐在が多く、その期間は現地の物価相当の手当や学費、住宅費の手当を出す企業も多いのです。しかし、場合によっては数年間の手当では元がとれないくらいキャリア逸失コストが大きくなる場合もあるのです。

また、海外ではやるべきことが多いのに、助けてもらえる人が少ないです。夫が仕事で忙しく出張も多い中、学校とのやりとりや不動産契約や銀行とのやりとりなどすべて英語でやらなければなりません。そのうえ日本のように丁寧に説明をしてくれないので腑に落ちるまで何度も聞き返す必要もありストレスになります。

日本人の駐在妻は堅実ママが多く、例えばランチに出かける前なども、しっかり夕食の支度をしていきます。一方、欧米人を含む外国人の駐在妻はヨガやピラティスなどのエクササイズに凝っている人が多く、ヘルパーに家のことを任せて自分の人生を楽しむスタイルの人が多いのですが、仕事復帰の計画は日本人以上にしっかりしています。

彼女たちは自分の人生を楽しみながらも子供のスケジュール管理も決めていて、出かけてもお昼寝の時間までに帰宅するなど、マイルールがしっかりあるのです。「仕事は何をしているの？　仕事にはいつ復帰するの？」という話題もよく出て、「本を出しているなんてすごい」「どんなジャンル？」など仕事の話は根掘り葉掘り聞かれます。外国人女性と話をする場合、「仕事」というのが一つのコンテンツになるので外資系企業で働き、ファイナンシャル・プランナーとして活動していてよかったと思っています。

アッパーミドルクラスの暮らし

仲良くしているシンガポーリアンは大卒、あるいは大学院卒で政府や金融機関などで働いている人が多いのですが、シンガポールでは中の上レベルで非常に教育熱心な家庭が多いのです。おそらく子供の代では富裕層を目指しているのではないでしょうか。HDBと言われるマンションを購入し、リノベーションしたり、HDBを賃貸に出して外国人向けのコンドミニアムに住んでいたりする家庭もあります。

ご自宅を訪問すると、良質な家具や食器などを厳選して暮らしています。チープな家具ではなく、良い物を長く使おうという考え方なのでしょう。料理は必ずしも豪華ではなく、ワンプレートなど1品作り、後は買ってきたものを出してくれることも多いのです。

また、自動車を保有するのはシンガポールでは非常に高コストですが、このクラスの家庭は自動車をほぼ保有しています。家族で1台、実用的な日本車を保有している家庭も多いです。生活費の支払いなどはほぼクレジットカードにして、カードの特典を使いこなしているのです。子供の学校はローカルスクールで、幼稚園から名門を選んで教育に良いことはなんでもさせ、おもちゃもたくさん与えます。メイドや両親に子供の世話を頼み共働きします。バケーションには年2回程度行きますが、買い物や食事などを含めて1回50万円程度の予算を見込んでいる家庭が多いようです。

前述したように、老後資金は若い頃から準備しています。しかし、高齢になっても働き続ける人が多く、収入が減ったとしても生活費を縮小するなどをしてやりくりをしている家庭が多いのです。

日本では年金が受給できる年齢は引き上げられることが予想されるので、シンガポールのリタイヤメントプランは参考になります。夫も妻も、高齢の父母も長く働き続けることによって、貯金を取り崩す金額を減らすことができます。

第六章　シンガポールで暮らすなら

花輪家のシンガポールでの生活

東京にいた時は土日も昼夜問わず仕事中心の生活を送っていましたが、シンガポールに来てからは家族の時間が増え、土日は家族中心に活動をするようになりました。

来たばかりの頃は動物園や水族館にもよく行きましたが、1年も生活をすると狭いので行き尽くしてしまいます。そこで、2年目以降は友人家族とバーベキューをしたり、プールで子供を泳がせたりジムに行ったりと集合住宅の施設をフル活用するようになりました。

最近、私も夫も、ローカルの人も集まるビジネスの交流会に参加したりと人脈形成に力を入れています。

夫は主に通っているMBAの学生達と、私は子供が通うインター校のインド人や中国人のママとの交流を多くしています。シンガポールには趣味のコミュニティが多く、経営者仲間で休日に行われる早朝マラソンもあって夫も時々参加しています。ハードなランニングコースを走った後に皆でシンガポール名物のカヤバタートーストを食べて解散をするようです。成功しているシンガポーリアンの経営者はランニング用のTシャツをくれたり、朝食をご馳走してくれたりと親切です。普段から関係性を深めておけば、いざとなった時にお互い助け合えるので、非常に良い集まりです。

　成功するためには健康管理と体力作りも欠かすことができません。そのため、私も20代のころに習っていたクラシックバレエやジャズダンスのレッスンを再開させました。

　また、英語も必要なので日本のオンライン英会話サービスを利用し、平日はほぼ毎日30分程度のレッスンを欠かさず行っています。夫のほうはオフィスに外国人が多く、外国人とテレビ電話会議をすることも多いので仕事の中で英語を身につけています。

　家族旅行は年1回（日本への帰省は除く）程度を予定しており、1回当たりの予算は食事なども含めて20万円程度です。子供が小さいので、いざとなった時にシンガポールの医療機関に戻ってこられるよう、マレーシアなど近隣リゾートに行くようにしています。近いのでローコストキャリアも利用します。現地での移動は、レンタカーなど自分で運転するのは事故に巻き込まれることもあるのでホテルのハイヤーを活用することが多いです。

　旅行の予約は早くするか直前がおトクなので、我が家では半年前からホテルや航空券の予約をします（もちろん変更可にしますが）。子供の学校の休みや夫の出張に合わせて日本にも年に数回帰省していますが、シンガポールも日本も空港が洗練されているので1人で子供を連れて帰ることにもすっかり慣れてしまいました。

花輪家の一日のスケジュール

私たちの平日のスケジュールは次の通りです。

朝、6時に起きて子供の弁当などの準備をして、7時前には子供はスクールバスに乗って学校に行きます。子供が帰るまでに7時間の自由時間があるので、その間に執筆や英会話や家のこと（スーパーでの買い物など子供がいると難しい家事）を行います。大抵、朝一番集中力がある時に執筆を何本か済ませてしまいます。週3回程度運動をしたり、朝食時間で情報収集をしたりと、すべきことは多く、自由時間は限られているので移動はタクシーを使うなどし、貴重な時間を有効活用しています。時間を捻出するにはあとは睡眠時間を削るしかありません。この本の執筆をしていた時は朝4時に起きて原稿を書いていました。

子供は午後早い時間にスクールバスで戻ってきます。リビングで子供をレゴや粘土などのおもちゃで遊ばせている間に着替えを洗濯し、弁当箱を洗い、夕食と次の朝の弁当の準備をします。料理には時間をかけないというのがマイルールなので、ご飯が炊き上がるまでにお味噌汁とおかずを作ります。副菜は真空パックになっているお惣菜を使うこともあります。日本から日持ちするような真空パックの料理やフリーズドライのスープなどを大量に持ち込み、ストックしています。地元スーパーでは生鮮食品を買うのですが、できるだけまとめ買いをして肉類は冷凍庫に入れてしまいます。買い物に行く時間を節約したいのでリストにした必要な物だけを買って急いで帰ります。時間やお金をかけ過ぎず、効率的に栄養をとるという目的を持って料理を作るようにしているのです。

掃除にも時間をかけません。子供が食べこぼすとその都度ハンドクリーナーでゴミを取るようにし、週に一度程度は部屋全体に掃除機をかけます。石の床は週一度程度モップがけをしますが、日本のメーカーが出している取り替え式のウェットシートを利用しています。30分程度で簡単な掃除ができるので清掃をお願いしたり、ロボット家電を使ったりしていません。備え付けの家電に食洗機と乾燥機がないので、食器洗いと洗濯物を干すのに時間がかかるのですが、夫にやってもらうことも多いのです。

このように我が家はとにかく家事を効率化させて夫婦で分担しています。育児も分担しており、夫が仕事や勉強をしている間は私が子供を外に連れ出しますが、平日夜や朝、土日は夫にお願いすることもよくあります。一日で使えるエネルギー量は限られているので、あれこれ1人で全部したら疲弊するからです。また、自分の時給を考えながら、家事はできるだけテンプレート化をしてしまい労力をかけないようにしています。仕事や行事が立て込んでいる時など、場合によっては掃除の人を使うなり食事を買うなどアウトソースします。また、それぞれのスケジュールも大切にし、お互いに会食がある時は、もう一方が子供の世話をするようにしています。我が家の夫の家事・育児参加割合は30％程度でしょうか。シンガポーリアンのパパに比べると平日夜の参加時間が短いので長時間労働をやめて欲しいとは個人的には思っています。

配送業者は日本の圧勝

シンガポールでは宅配便を待っていても指定日に来なくて待ちぼうけをしたという話をよく聞きます。また、不在時に宅配便が来た場合、基本的に再配達はしてくれません。決められた期間（1週間など）に郵便局などに取りに行かなければなりません。一度、取りに行ったことがありますが、自宅からかなり遠い郵便局で、子連れだったのでタクシーに乗って行かなければなりませんでした。配送が心配だとネットショッピングが気軽にできません。安い時に店舗でまとめ買いをしてタクシーに載せて持ち帰るというスタイルになってしまいました。日本にいた時はできる限り余分な物は自宅に置かずに必要な時に必要な量だけネットショッピングで注文をするスタイルだったので正反対の生活を送っています。子供と一緒に重い荷物を持ち運びするのは大変ですが、それでもなんとか生活できているので仕方がないとあきらめています。

川口マーン惠美著『住んでみたドイツ　8勝2敗で日本の勝ち』（講談社）でも「ドイツ人も驚く宅配便が走る国」ということで日本の配送業者の素晴らしさが取り上げられていましたが、シンガポールで生活をしてみて2時間刻みで時間に遅れずに荷物が届く日本の配送業者のサービスの良さは当たり前にできることではないのだと気づかされました。再配達の時間を指定できますし、再配達時に不在だったとしても料金を取られることもありません。ただ、配送員の方の負担がとても大きいのではないかと心配になります。佐川急便の男性配達員が配達中の荷物を蹴ったり、たたきつけたりしていた画像がインターネット上に投稿されてニュースになったことがありました。何度も再配達をしても不在だったり、水など重い荷物をエレベーターのないマンションで持ち上げたりなど状況が厳しいと、人間ですからイライラするのも分かります。

シンガポールではサービスに応じた料金を顧客に請求することが一般的で、無料での過剰サービスを提供するということはほとんどありません。日本の働き過ぎの大部分の問題は無料での過剰サービスだと感じます。今のままのサービスの質は素晴らしいのでぜひ維持していただきたいのですが、サービスに応じたお金を取るべきだと思うのです。例えば再配達料金を取るなどです。サービスはお金で買うということを消費者が理解する必要があると思います。巡り巡って、自分達の収入が上がることに貢献するのですから。

シミは基本落とせないクリーニング

シンガポールに来て困ったことの一つがクリーニングです。シンガポールにもクリーニング店は身近にあって、住んでいる集合住宅の中にも入っています。ワイシャツをクリーニングに出せば洗ってアイロンをかけてくれ、ドライクリーニングのお店もあるので手洗いできない衣類もクリーニングに出すことは可能です。

ただ、日本のクリーニング店のようにシミを落とすのが得意ではないのです。他の衣類の色が淡いピンクの洋服に移ってしまった時、クリーニング店に衣類を持って質問をしに行きましたが、「落とせない」と言われ、門前払いでした。日本では数百円プラスで支払えば工場の職人がシミを落としてくれるサービスもあります。また、東京・麻布にある高級クリーニング店など、高額ですがシミ落としに定評のある店舗がいくつかあります。

海外の洋服は色鮮やかな分、洗濯の際の色落ちが激しいです。色移りで洋服をダメにしたという話をよく聞くのですが、クリーニング店でシミ取りに成功をしたという話はあまり聞きません。一時帰国の際にまとめて日本のクリーニング店に出すという日本人も多いです。私は一度、ネットのガイドを頼りに自力でシミ抜きをしようとしましたが、1週間近く何度も色抜きをしたにもかかわらず、結局完全にシミを取りきることができませんでした。シミ抜き作業にかけた時間を返して欲しいくらいです。当たり前のように思っていた日本の職人の技術が海外では当たり前ではないことが多いのだと痛感させられました。

この失敗以来、日本で大量にシミ抜き洗剤を買い込み、子供の食べこぼしなどのシミがついたらその日のうちに落としてしまうことにしています。色移りしそうな衣類は脱水なども一緒にはしないようにして、厳重に管理することにしました。ドライクリーニングが必要なものは、汗をかいたらすぐに出すようにしています（値段はドレスで1000円程度と日本の高級クリーニング店よりも安価）。

また、集合住宅に備え付けられている洗濯機の多くは性能が非常に悪く、タオルはカピカピになりやすく、子供の制服のボタンがプチンと切れることが多いです。そのため、タオルや靴下など傷んでもよいものを洗濯機にかけ、気に入っている洋服はすべて手洗いをしています。本当に洗濯は非効率（メイド文化なので大抵の家電の性能が悪い）です。幸い、暑くて晴れた日が多いので半日で大抵の洗濯物が乾くことは助かっていますが、日本の洗濯機の性能が恋しいです。

日本のコンビニはインフラ

日本に一時帰国をするたびに驚かされるのがコンビニの質の高さです。お弁当やおにぎり、お総菜が美味しそうで感動してユーチューブに動画を上げている外国人もいるほどです。ATMからお金を引き出したり、簡易な行政サービスを行うことができたりといった便利さもめずらしいようです。日本のコンビニはもはや小売りではなく、生活に必要なインフラです。そこで生活に必要な物がほとんどすべて買え、公共料金の支払いや宅配便の受け取り、チケットの購入まででき、わざわざスーパーや銀行などに出向く必要はありません。高齢者や一人暮らし世帯がコンビニを活用している理由がよく分かります。

これに対して、シンガポールのコンビニは数も少なく充実度も低いです。公共料金の支払いはレジでできますが、コピー機などは基本的に置かれていません（シンガポールではコピーやプリントアウトをする場所にも困るのです）。小売りとしても品揃えは日本ほどは充実しておらず、おにぎりやお酒やアイスクリームやお菓子などを買うといった感じになります。コンビニが強いインフラになっていないのは、メイドなどの使用人文化だからでしょう。買い物はメイドが行うことも多いので、一番安いスーパーやウェットマーケットに行かせるという家庭も多いのです。日本のようにすべてを夫婦で行い、それぞれが効率化するために便利だけれど割高なコンビニやネット通販を使うという発想ではないのです。

世界中の多くの国を見てもこれほどまでコンビニが進化している国は探すことが難しく、良い意味でガラパゴス化が進んでいる分野だと言えます。ベトナムやタイなどのアジア地域へ展開を広げていく日本のコンビニは増えていますが、今後の展開を見守りたいです。

その他、日本のドラッグストアに置かれているような化粧品やシャンプーなどの美容品なども海外では人気があります。実際にシンガポールのドラッグストアでも日本のシャンプーなどが置かれ、デパートには日本の化粧品メーカーがお店を構えています。日本のおにぎりやお総菜を販売するお店も人気で店舗数を増やしており、２ドルショップは外国人にも人気です。また、着物や木造の日本の家が素敵だという外国人も多いです。

シンガポールは国内市場が小さいので日本のように独自の市場のためにマーケティングされて、物やサービスが最適化されるということは起こりにくいのです。そのため、コンテンツは欧米や韓国など他のアジアから輸入されたものがほとんどです。街に流れる音楽は少し前に欧米で流行った曲ばかりで、映画や雑誌・書籍も欧米やアジアのものが多いです。テレビのローカル放送だと選択肢が少ないので外国人の多くは有料チャンネルの契約をして、欧米のニュース番組や日本の番組を見ることが多いです。欧米コンテンツに比べると日本のものは少ないのですが、シンガポーリアンの体型や肌や髪質などは日本人とよく似ています。日本市場で発達してガラパゴス化しているものも場合によってはシンガポールでも受け入れられることもあるので、日本の商品がもっと増えていって欲しいと思います。

湿気とアリ問題に悩まされる

シンガポールで不動産契約をする場合、売り主と買い主と両方にエージェントが付くことが一般的ですが、大家やエージェントによっては厳しい対応の方もいます。借りた物件を返す際には借りる前の状態に戻す必要があり、経年劣化という言い訳が利かないこともあります。エアコンのメンテナンス（コンドミニアムでは一般に3ヵ月に一度必要）、カーテンのクリーニング、退去時の部屋のクリーニングの領収書の提出を求められるのが一般的です。不動産契約の際には証拠写真をたくさん撮り、英語が分からなければ場合によっては通訳や英語が分かる人を付けるほうが無難です。

シンガポールの住宅の多くは、床が大理石でリッチな雰囲気なのですが、子供が転倒すると大ケガにつながったり、お皿を落とすと木っ端みじんに割れてしまったりというデメリットもあります。

また、高額な家賃の割には作りが悪く、壁の隙間にアリの通り道ができてアリがたくさん出ます。アリよけを至るところに置いていても、食べ物を放置しようものなら、あっという間にアリでいっぱいになってしまうこともあります。たとえ、家賃が月額１００万円のコンドミニアムや高級ホテルであってもアリが全く出ないという物件はめずらしく、シンガポールで生活をする上では、アリとのおつきあいは避けがたいです。こちらに来た当初は、子供が食べこぼしたお菓子に湧いた大量のアリを見て「こんなところに住みたくない」と日々思っていたのですが、今では慣れてしまいました。

ヤモリが出る物件も多く、我が家でもヤモリの声がよく聞こえます。

湿気もひどく、エアコンをかけて湿気を取らないとバッグや靴や洋服にカビが生えるリスクがあります。日本から持ってきた洋服一式にカビが生えてしまったという声もよく聞きます。私も湿気取りを至るところに置いてエアコンをこまめにかけていますが、それでもブランドバッグや靴にカビが生えかけたこともあるほどです。家の外の靴箱に入れてあった靴はほぼ全滅しました。スニーカーの裏のゴムの部分がはがれ落ちたのです。

裏シンガポールの歩き方

シンガポールに来た最初の1年間は洋服を買う場所がなくて困っていました。シンガポールのモールの多くは同じ会社が経営しているので入っている店舗がほぼ同じだからです。そのため、どこのモールに行っても同じ商品しか売っていない（日本で例えるならモールが「イオン」しかないといったイメージでしょうか）のでつまらなくて仕方がありませんでした。日本に一時帰国をする際にまとめて衣類を買い込んでいました（日本人ママの多くもそうしているようです）。

しかし、シンガポールでの生活が長くなるにつれてガイドブックには載っていないような面白いお店を発見するようになり、格段とシンガポールでの買い物が楽しくなりました。

例えば、欧米系のレディースファッションや子供の衣類や雑貨を入手したいのなら、オーチャードの端にあるタングリンモールやボタニックガーデンの地下鉄駅の側にあるクルーニーコートがおすすめです。おしゃれな洋服やアクセサリーや雑貨など欧米のものが入手できるからです。入っているカフェもまるでパリにいるような雰囲気でおしゃれです。また、ハロウィンやクリスマス時期にイベントをしていることも多くて楽しめます。

激安商品やサービスを楽しみたいならファーイーストプラザやラッキープラザが他のモールと違った楽しみ方ができます。ただし、シンガポールというイメージではなく、東京のアメ横や韓国や香港といった雰囲気で、商品も玉石混淆《ぎょくせきこんこう》で偽物もあるので人によって好き嫌いが分かれるでしょう。

ラッキープラザには日本人御用達《ごようたし》の凄腕マッサージ師がいるので日本語のブログなどで情報を入手して利用するのも手です。かなり強めのマッサージですが、好きな人は好きです。

また、即日仕上げてくれるお直しのお店もあり、有名ブランドのお店もラッキープラザにあるお直し屋さんに商品を出しています（自分で直接修理に出せば割安になります）。シンガポールでのお直しは値段が安く、腕もよいのでおすすめです。そのため、衣類販売店も多少サイズが大きくても直せるという理由で強引に勧めてきたりもします。夫がLサイズのジャケットをMサイズに、私もドレスを2サイズ小さく直したことがありますが、全く遜色がなかったです。子供の制服のボタン付けから、ゴムの取り替えなどまでシンガポーリアンはお直し店に出すようですが非常に安い値段で直してくれます。マッサージを受けている間に仕上げてもらうことも可能です。

ファーイーストプラザでもジェルネイルを日本の相場の半額程度で受けることができるなど美容サービスが充実しています。また、日本のSHIBUYA109のようなファッションビルで流行のファッションを安価で楽しむことができます。

このように、シンガポールでは富裕層と低賃金労働者向けとがマーケティングされているので、値段が高くて驚くことも多いですが、反対に安くて驚くことも多いです。

日本も格差のひろがりによって中流向けマーケティングからシンガポールのマーケティングのように変わっていくのでしょう。

狭い国土にインター校が20校以上

シンガポールのローカル校はハイレベルなのですが、外国人はインター校を選択する家庭がほとんどです。ローカル校はシンガポーリアンと永住権保有者（PR）が優先され、外国人が良い小学校に入るのは至難の業だからです。

外国人の場合は小学校に入学をするために、まず試験を受けなければならず、成績によっては年齢よりも学年を落として入らないといけないこともあります。

加えて、公立校の学費も外国人の場合は割高になり、月5万円前後（学年による）はかかるので、日本の安価な私立校程度の費用になります。無事に公立校に入れたとしても選別試験で何度もふるい落とされかねません。英語と中国語でハンディーのある日本人にとっては授業についていくのは大変なことです。

そこで多くの外国人は、勉強が本格化する前の幼稚園の間は安価なローカル校に入れるのですが、小学校頃からインター校にうつります。

シンガポールは東京23区と同程度の国土に20校以上のインター校があり、教育熱心な家庭が多いのでレベルは非常に高いです。ほとんどの学校からスクールバスが出ているので、多少遠くても1時間以内で通うことができ、選択肢はとても多くなります。

日本には英語で授業を行うインター校が24校ありますが（2018年4月現在）、自宅から通える範囲で考えると選択肢は狭められます。また、日本人の割合は全体で約4割と高くなります。

インター校の魅力

シンガポールでは様々な国の駐在員が生活しているため、米国、オーストラリア、カナダ、インド（最近日本のメディアでも話題になっている、インドのインター校「GIIS

（グローバルインディアンインターナショナルスクール）」）など、多くの国の学校があります。

国際バカロレア（ＩＢ）という世界共通の大学入試資格と、それにつながる小・中・高校の教育プログラムを取り入れたスクールも多く、様々な国の大学入学試験制度に対応も可能です。

とはいえ、かつて英国領だったこともあり、シンガポールでは英国系インター校が目立ちます。英国の上流階級では中学校辺りから子供をボーディングスクールという全寮制の学校へ送るのが一般的です。そのため、格式高い英国の学校では、低年齢からしつけや勉強をしっかりさせる方針のところが大半です。

英国系の有名インター校に見学に行った時、２歳の友人の子供が学校のおもちゃを触って遊んでいました。その時に、学校の児童（幼稚園児）が「これは君のおもちゃじゃないから触ってはいけないんだよ」と、理由付けをして小さな子供を諭していたので驚きました。

また、学校の至るところに「礼儀正しく」「廊下では走らない」といったポスターが貼られており、日本の小学校を思い出しました。日本やシンガポールのローカル校からしつけやマナーなどが大きく外れないために日本人ママからの人気も高いのが頷けました。

ローカル校や日本の学校は詰め込み式ですが、多くのインター校の特徴としては個性を尊重する教育になっています。

アメリカ系のインター校（幼稚園）では三輪車に乗っている児童もいれば、地面にチョークで絵を描いている児童もいて、子供がその時に興味がありそうな遊びを提案するスタイルもあります。皆が同じ時間に同じことをしなければならない日本の教育とはずいぶん違うと感じます。

また、インター校では3歳前後から18歳まで一貫して同じ環境で教育を受けることができる学校が多いので高校までは受験の心配もなく、のびのびと好きなスポーツや音楽、アートなどに打ち込むことができます。語学教育は英語に加えて中国語かスペイン語を第二外国語で低年齢から学べる学校が多いです。

例えば、3歳から一日30分中国語の授業がある（といっても低年齢では歌を歌う程度）などです。日本では英語の教育すら始まらないような低年齢から第二外国語を学び始めるのです。熱心な日本人の家庭では補講などで日本語や第二外国語のサポートをしています。小学校の授業では分厚いペーパーバックを開いて子供達が英語の朗読をしており、日本の学校ではまだ英語の授業すら始まらない年齢なのに大きな違いだと感じました。

また、放課後のアクティビティも充実しており、多い学校では数百のアクティビティから自由に選択できます。日本の学校ではドッジボールなど決まったスポーツを皆でやるというイメージですが、インター校の特徴としてはそれぞれが違う活動に打ち込むことができ、学校側も家庭も全力でサポートをします。日本の教育は均質的な人材を育成することに優れていますが、欧米（特に米国）は多様な発想が出てくるような教育スタイルだと感じます。夏休みも長く、その間にキャンプや自然体験を提供する学校も多く、体験型の学習スタイルです。日本でもインター校はホリデープログラムなどを中心に人気がありますが、シンガポールのほうがその選択肢は多く、多国籍の生徒が集まるのが何よりの魅力です。ホリデープログラムは自校外の生徒も受け入れる学校もあるので異文化体験をしてみるのも手です。

子供をインター校に入れるなら

シンガポールのローカル校で名門校としてはホワ・チョン・インスティテューションやラッフルズ・インスティテューションやアングロチャイニーズ・インディペンデントなどが挙げられます。それぞれ、米国のアイビーリーグや英国のオックスブリッジ（オックスフォードとケンブリッジの併称）などへの準備校という位置づけの学校で、小学校の卒業試験の成績で上位数パーセントの者だけが入学をすることができます。

外国人でローカル名門校に入学をしたい場合は各校が留学生向けに設立をしているローカルインター校を利用する方法があります。アングロチャイニーズスクール（ACS）インターナショナルやホワ・チョン・インターナショナルスクールは積極的に日本人も含めた海外からの留学生の受け入れを行っています。私も学校見学に行ったのですが、欧米のインター校と比べても遜色のない設備で、キャンパス内の生徒もいかにも聡明な雰囲気でした。ローカル校よりも入学要件がゆるく（入った後はしっかりと勉強するので欧米の有名大に進学する卒業生が多い）、欧米のインター校より学費が安価なので魅力的です。寮を利用する場合は学校が子供達をしっかり管理する（とにかく勉強させる）ために道を踏み外すという確率も他の国の学校と比べるとずっと低いでしょう。

次にシンガポールのインター校ですが、こちらも「御三家」と言われる伝統的なスクールがあります。「UWC（ユナイテッド・ワールド・カレッジ）」「シンガポールアメリカンスクール（SAS）」「タングリントラストスクール」が御三家で、欧米の有名大に進学する卒業生を多数輩出しています。「UWC」は本部をロンドンに置く非営利の国際学校の集合体です。異文化理解を目的として設立された非営利の教育機関なので生徒も多国籍で、運用資金はその趣旨に賛同する企業と個人からの寄付に基づいています。シンガポールには2つのキャンパスがあり、学校のＩＢディプロマプログラムの成績も高く、日本人の富裕層にも大人気です。日本で唯一の全寮制インター校のインターナショナルスクール・オブ・アジア軽井沢（ＩＳＡＫ）もＵＷＣ加盟校として承認を得てユナイテッド・ワールド・カレッジＩＳＡＫジャパンとなり、話題になりました。約7割が留学生で多国籍な生徒を受け入れ、国際バカロレア（ＩＢ）プログラムですが、日本でもそのようなインター校が増えていくと異文化理解を深めることができるでしょう。

「タングリントラストスクール」はイギリス系の伝統的な名門校で、生徒の大半は英国やオーストラリア出身者で日本人は少ないです。イギリス人の格式の高い家庭が多いので両親ともに日本人だと保護者の中に溶け込むのも大変そうな印象を持ちました。

シンガポールにはアメリカンスクールが2つあり、比較的新しい「スタンフォード・アメリカン・インターナショナルスクール」と、古くからある「シンガポールアメリカンスクール（ＳＡＳ）」があります。アメリカンスクールはアメリカ社会を象徴するように生徒は多国籍で中国やインドから来たアジア人も多く、講師の多くはアメリカ人です。イギリス系の学校との違いは、伸び伸びと自由に子供を育てるスタイルのところです。

新しくできた「Dulwich（ダルヴィッチ）」という英国系のインター校も人気があります。中国語教育に力を入れているので、欧米人を中心として支持を集めています。本国の英国では歴史のある男子校でしたが、シンガポール校は共学です。

インター校を多数見学に行きましたが、教養や芸術活動やスポーツに力を入れているところが勉強中心のローカル校との大きな違いだと感じました。3歳など早期からヴァイオリンなど本格的な楽器に触れる機会があったり、図書館で英語の本の読み聞かせを受けられたり、水泳などのスポーツ活動や街でのフィールドワーク（講師が出した課題を解決していく）があったりと、多様な体験ができます。授業スタイルも並んだ机と椅子にみんなが一斉に座って授業を受けるものではなく、いくつかブロックが作られて、そこでグループでPCを共有して調べ物をしたり、円になってみんなでペーパーバックの朗読をしたりというスタイルが目立ちました。クラスサイズも、講師1人につき、子供20人弱が一般です。日本人が少ない学校だと、1クラスに日本人は1人いるかいないかです。UWCのような多国籍な生徒が集まるスクールだと、それぞれの両親の国籍や出生地が違う子供も多いです。私もアメリカのシティグループで8年働き、多国籍な同僚と出逢いましたが、外資で働かない限り日本では日本人ばかりの環境になりがちです。久しぶりに日本に一時帰国をすると、空港に着いてまず驚くのが日本人ばかりだということです。日本でもインターナショナル保育園の見学に行ったことがありますが、学校での言語はすべて英語で外国人講師も多かったのですが、児童はほとんど日本人でした。欧米人も多く、国際色豊かで異文化交流ができるのがシンガポールで教育を受ける最大の魅力だと感じます。日本の大学もアジア中心に留学生が増えており、留学生の約９割がアジア出身で中国が約４割、ベトナムが約２割、ネパール、韓国と続きます。また、一部の高校でも中国からの留学生を積極的に受け入れていますが、中学校など低学年からもっと留学生を受け入れていき異文化交流を図って欲しいと思います。

日本人がよく行くインター校

日本から来たばかりで、親子共に英語が苦手という場合、最初は日本人の多い学校を選ぶのも手でしょう。インター校同士では、編入も比較的容易なので、後から学校を替えていくこともできます。日本人が多い学校のほうが少ない学校と比べると異文化の障壁も少なく、もし何かあった場合でも日本人に相談をすることができます。

例えば、日本人も多い「オーバーシーズ・ファミリー・スクール」という学校では、日本語母語プログラムがあります。通常授業の中で日本人教師による日本語のカリキュラムがあるので週末に遊びやスポーツの時間を確保することが可能です。

「ＩＳＳインターナショナルスクール」「ドーバーコート・インターナショナルスクール」「スタンフォード・アメリカン・インターナショナルスクール」なども、日本人が比較的多いです。ＥＳＬ（English as a Second Language、母国語が英語以外の人のための英語教育）クラスを設定している学校も多いので、それを活用すると最初から授業についていきやすいです。ただし、英語が第二言語の子供達が一つのクラスにまとまると英語がなかなか伸びないという声も聞くのでその点の注意は必要です。また、週末に日本人学校で日本語の補講を受けているインター校生も多いです。シンガポールには日本人のコミュニティも多いので、習い事などでも日本人が集まるコミュニティに所属をすることも可能です。

日本から留学などでシンガポールのインター校やローカルインター校（留学生向け）への入学を考えている場合、学校によっては日本で説明会を行うところもあり、日本語での問い合わせができる場合もあります。シンガポールの学校情報は「海外教育情報サイトＳＰＲＩＮＧ（シンガポール）」で情報収集をすることができます。

また、シンガポールの日本人学校のレベルも世界最高峰とも言われており、英語のレベルもとても高いです。様々な選択肢があるのがシンガポールの教育のよさだと思います。

【コラム】シンガポールで生活を始めるとしたら初期費用はどのくらい？

海外移住をする際は、日本での生活を整理し、海外で新しい生活を立ち上げることになるので労力とお金が必要になります。

ですが、シンガポールは日本の物が容易に調達でき（ベスト電器やドン・キホーテなどもある）、家具・家電付きの物件も多いので最低限の物を日本から持ってくれば現地での生活を始めることが可能です。

海外に荷物を送る場合、送る方法（航空便、船便）、地域、容量によって料金が大きく異なります。我が家は船便の単身パックを利用して、20万円弱でした。

日本の家電を海外で利用する場合は、壊れたときに保証を受けられないのが一般的なので、パソコンやデジタルカメラなど、海外でも変圧器なしで変換プラグを使えば使用できるものだけ持って行くことにしました（シンガポールのコンセントは穴が3つなので変換プラグが必要）。

荷物は飛行機に乗るときにも持ち込むことができるので、巨大な段ボール5つを携えました。シンガポールのチャンギ空港では荷物をカートに載せて、そのままタクシー乗り場まで行き、大型のタクシーを空港でアレンジしました（料金は５０００円程度で通常のタクシーの倍程度）。

現地で真っ先に購入したのは携帯電話でした。当時の最新型の「iPhone」で64ギガのものを買って１台あたり７万円程度でした。

その他、備え付けになかった家電を購入しましたが、日本と比べても同程度の値段でした。駐在員同士で中古品を売買するフェイスブックページもあるほどです。赴任期間が短い場合や任期が分からない場合は、高額な物を買うともったいないでしょう。

現地で働いても収入はすぐには入らないので１ヵ月分の生活費は最低限必要です。１００万円までは申告なしで日本から現金を持ち出すこともできます。

我が家の場合はエアチケット代や日本の物の整理費用や現地での調達費用を含めて60万円弱でやりくりしました。荷物が少なければ引っ越し代を更に節約することも可能です。

おわりに

「もつ前に欲すること。そして、欲するには、何を欲しているのか知るための手段がまず必要です」

私はこのシンガポール初代首相・リー・クアンユーの言葉に頭を強く打たれたかのような強い衝撃を受けました。

私自身、仕事にも家庭にも大きな不満はなかったのですが、シンガポールに来てからは特に漫然と時を過ごし、お金を使ってしまっている部分がありました。

そんな中、リー・クアンユーの著書やシンガポールについての本を多数読み、叱咤激励を受けたような気分になったのです。

「時とお金は限られている。これを有効な手立てに変えていかなければ成功はない」

そう確信するようになったのです。

シンガポールで長期間暮らしていると、帰国などでシンガポールを去る人を見送る機会も増えていきます。

この場所にいる限られた期間を半分、旅行気分で楽しく過ごすことはできます。それも大いにかけがえのない思い出となるでしょう。

しかし、たとえ期間限定であったとしても、最初から戦略を持てば、短い期間に成し遂げられることは多くあるのではないのかと思うようになりました。海外で失敗をしても失うものはほとんどありません。

そこで我が家は一大決心をして、大きな投資をすることにしました。夫はシンガポール国立大学のエグゼクティブMBAコースで学び、子供はシンガポールのインター校に通い始めました。

シンガポールで永住権を取得する方法、起業をした場合のシミュレーションなども考え続けています。

正直、東京でビジネスを興し、仕事を得るほうが何倍も簡単です。しかし、体力、情熱があるうちに難しいことから挑戦するのがよいのではないかと思うのです。簡単なことはいつでもできるからです。

シンガポールという新しい場所で、ゼロからの挑戦にはなりますが、目指す方向性を正確に定めることができれば、後は粘り強く実行をするのみです。

豊かになった日本も、まさにかつての私と同じように、目標を見失った状態に陥っているのではないでしょうか。

日本は格差の問題が取りざたされてはいますが、東南アジアに比べると日本には飢えた人はほとんどいません。

東南アジアにはちょっとした夕方の雨でも浸水をしてしまうような掘っ建て小屋に住んでいる人もたくさんいます。その横を高級車が横切るシーンを見ると、胸が痛くなります。

日本には生活保護というセーフティーネットもあります。しかし、そのゆとりが、現状維持で変わりたくないという力を働かせ、成長のブレーキをかけることになるのです。

経済大国としてずっと上位を維持していた日本も、足踏みをしている間に中国に追い抜かれ、近い将来はインド、インドネシアにも追い抜かれ、韓国、フィリピン、タイ、ベトナム、バングラデシュも後ろからせまってくるという状況が待ち受けています。

東南アジアで日本円や日本人の権威は下がり、老後はタイなどで優雅な生活を送るといったことも難しくなるかもしれません。私達はいつまでも過去の成功の上にあぐらをかき続けてはいられないのです。

日本の未来を、子供達の未来を明るいものにするためには、どのような国にしたいのか、どのような人生を送りたいのかのビジョンを描き続けることが必要です。

安倍政権は成長戦略として3本の矢を放ちました。具体的な目標として、GDPを2割増やす、出生率を上げて人口を維持するなど困難が伴いますが、「経済成長をする」という矢を放つ的を決めたことは一つの希望になります。

日本にいる若者も「新興国でお金持ちになる」というビジョンを持ってもよいですし、海外に出て学び、働くという選択肢を持ってもよいのです。

日本企業も国内に閉じこもっていては先細りする一方です。それは国を捨てるという意味ではなく、海外でお金を稼ぎ、日本で消費や寄付をして貢献をする、あるいは自分が学んだ知識や技術を日本に持ち帰るということもできるのです。

50年後も強い経済を維持し、安心して日本で子供を産み育て、世界有数の素晴らしい社会保障を受けられる国で居続けることができるのか――。

それは今という時代を生きる私達の手にゆだねられているのです。

２０１８年４月　花輪陽子

花輪陽子

1級ファイナンシャル・プランニング技能士(国家資格)、CFP®認定者。1978年、三重県生まれ。青山学院大学国際政治経済学部卒業後、外資系投資銀行に入社。退職後、FPとして独立。2015年から生活の拠点をシンガポールに移し、東京とシンガポールでセミナー講師など幅広い活動を行う。『夫婦で貯める1億円!』(ダイヤモンド社)など著書多数。日本FP協会「くらしとお金のFP相談室」2011年度相談員。
花輪陽子オフィシャルサイト　yokohanawa.com
Twitter @yokohanawa

講談社＋α新書　791-1 C

少子高齢化でも老後不安ゼロ
シンガポールで見《み》た日本《にほん》の未来《みらい》理想図《りそうず》

花輪陽子《はなわようこ》

2018年 5 月17日第1刷発行
2019年 6 月28日第5刷発行

発行者――――渡瀬昌彦
発行所――――株式会社 講談社
東京都文京区音羽2-12-21 〒112-8001
電話 編集(03)5395-3522
販売(03)5395-4415
業務(03)5395-3615

デザイン――――鈴木成一デザイン室
カバー印刷――――共同印刷株式会社
印刷・本文データ制作――株式会社新藤慶昌堂
製本――――牧製本印刷株式会社
本文図版――――朝日メディアインターナショナル株式会社

ISBN978-4-06-511710-1